KB143256

조선의 선비, 구곡에 노닐다

조선의 선비, 구곡에 노닐다

초판인쇄 | 2024년 9월 1일
초판발행 | 2024년 9월 5일

지은이 | 김봉규
펴낸이 | 신중현
펴낸곳 | 도서출판학이사

　　　출판등록 : 제25100-2005-28호
　　　주　　소 : 대구광역시 달서구 문화회관11안길 22-1(장동)
　　　전　　화 : (053) 554~3431, 3432
　　　팩　　스 : (053) 554~3433
　　　홈페이지 : http://www.학이사.kr
　　　이 메 일 : hes3431@naver.com

ⓒ 2024, 김봉규

ISBN _ 979-11-5854-525-3　03910

이 책은 (재)대구디지털혁신진흥원의 '2024년 대구우수출판콘텐츠 제작 지원 사업'에
선정되어 발행되었습니다.

조선의 선비, 구곡에 노닐다

글|사진 **김봉규**

구곡(九曲)기행

夢而思 | 학이사

성리학적 이상세계를 구현하는 것을 목표로
학문에 정진하던 조선 선비들의 의지가
현실화된 공간이 바로 구곡이다.

구곡은 조선 선비문화의 보고寶庫

도산구곡(안동), 무흘구곡(성주), 화양구곡(괴산) 등 구곡(九曲)은 조선 선비(성리학자)들이 추구한 도학(道學)의 세계와 이상향이 서려 있는 곳이다. 단순히 수려한 계곡의 아홉 굽이가 아니라, 당대 지식인들의 정신세계와 자연관이 녹아있는 특별한 정신문화의 유산이다.

최근 지방자치단체 등이 대표적 구곡들의 세계유산 등재를 추진하고, 새로운 문화관광산업 콘텐츠로 개발하는 등 구곡에 대한 관심이 높아지고 있다. 화양구곡은 명승 제110호로 지정되기도 했다.

우리나라의 크고 작은 산의 계곡이나 하천에는 멋진 풍광을 자랑하는 곳이 적지 않다. 그중 특정 구간에 아홉 물굽이를 지정해 이름을 붙이고, 그곳에 정자나 정사 등을 지어 은거의 거처로 삼아 지내면서 성리학의 도덕적 이상세계를 투영했던 문화가 구곡문화이다. 구곡은 구곡원림(九曲園林)이라고도 한다.

선비들의 정신문화와 풍류가 녹아있는 구곡문화는 중국 성리학을 집대성한 주자(朱子)의 무이구곡(武夷九曲)에서 비롯됐지만, 중국보다 조선에서 훨씬 더 성행하고 발달했다. 조선 선비들은 자신의 고향이나 인연이 있는 산하에 구곡을 설정하고 정자 등을 마련해 노닐면서, 구곡시를 짓고 구곡도를 그리기도 했다. 이를 통해 성리학의 이상을 정립하고 실천하려 했다. 이런 과정을 통해 조선의 구곡문화는 확대·심화되면서 우리의 산천을 인문학의 보고로 만들어 갔다.

우리나라 구곡의 수는 조사가 진행될수록 늘어나고 있는데, 전국적으로 150여 개의 구곡이 있는 것으로 파악되고 있다.

　먼저 구곡과 구곡문화에 대해 알아보고, 조선의 구곡문화가 비롯된 주자의 무이구곡(중국 푸젠성)을 답사하는 것으로 구곡기행을 시작했다. 이어 주자가 무이구곡을 읊은 「무이구곡가(무이도가)」와 「무이구곡가」를 평가하는 조선 선비들의 다양한 시각, 무이구곡을 그린 〈무이구곡도〉의 수용과 변화 등에 대해서도 살펴보았다.

　그리고 도산구곡, 무흘구곡, 화양구곡, 고산구곡(해주), 옥산구곡(경주), 하회구곡(안동), 선유구곡(문경), 곡운구곡(화천), 용산구곡(계룡산), 죽계구곡(영주), 운문구곡(청도) 등 전국의 대표적 구곡 20여 군데를 답사해 그곳에 담긴 사연과 구곡시 등을 취재해 정리, 관련 사진과 구곡도 등을 함께 실었다.

　조선 선비들은 자신들이 존숭하던 주자의 무이구곡을 자신이 살아가는 공간에 직접 구현하고자 했다. 성리학적 이상세계를 구현하는 것을 목표로 학문에 정진하던 선비들의 의지가 현실화된 공간이 바로 구곡이라 할 수 있다. 책에서는 성리학적 이상세계가 자연과 어우러져 탄생된 독특한 구곡문화를 엿볼 수 있을 것이다. 흥미로운 이야기도 많이 담겨있는 이 '구곡기행'을 통해 각박한 시대를 살고 있는 현대인들이 일상을 돌아보며 여유를 되찾고, 삶의 가치관을 정립하는 데도 도움이 되길 기대한다.

2024년 여름 담연(澹然) 김봉규

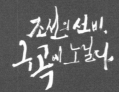

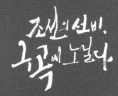

구곡과 구곡문화

　우리나라 어느 지역이든 풍광이 멋진 계곡 곳곳에서 구곡(九曲)이나 동천(洞天)이라는 이름을 확인할 수 있다. 특히 큰 선비를 비롯한 유명 인물이 살았던 곳에는 웬만한 계곡이나 강에 무슨 구곡이나 동천이란 이름이 붙어 있고, 바위나 암반에 관련 글귀들이 새겨져 있다.

　도교적 색채가 짙은 이름인 동천은 '신선이 사는 별천지'라는 의미로 풍광이 좋고 그윽한 골짜기인 경우가 대부분이다. 구곡과 비교하면 짧은 계곡(골짜기)이라 할 수 있다.

　구곡은 말 그대로 산속 계곡의 아홉 구비를 뜻한다. 이 구곡은 선비(성리학자)들이 경영한 원림(園林)이다. 성리학이 지배한 조선시대 선비들의 이상이 녹아 있는 정원문화였다 할 수 있다. 구곡으로 한 것은 구(九)를 여러 가지 면에서 최고의 수로 여긴 동양문화의 사고가 반영된 것으로 보인다.

　구곡은 단순히 풍광이 빼어난 곳을 선정한 데 그치

는 것이 아니었다. 조선 선비들이 추구한 이상향을 구현하고자 한 공간이었다. 구곡문화는 중국 성리학을 집대성한 주자(朱子)에서 비롯됐지만, 중국보다 조선에서 훨씬 더 성행하고 발달했다. 선비들은 구곡을 설정하고, 그것을 매개로 구곡시를 짓고 구곡도를 마련해 걸어놓고 보면서 성리학의 이상을 정립하고 실천하려 했다. 이런 과정을 통해 조선의 구곡문화는 확대·심화되면서 우리의 산천을 인문학의 보고로 만들어 갔다.

이황에서 비롯된 도산구곡(안동), 이이의 고산구곡(해주), 송시열의 화양구곡(괴산), 정구의 무흘구곡(성주) 등이 대표적 구곡이다. 우리나라 구곡의 수는 조사가 진행될수록 늘어나고 있다. 전국적으로 150여 곳의 구곡이 있는 것으로 파악되고 있다. 지역적으로는 40여 곳의 구곡이 있는 경북이 구곡문화가 가장 성행한 지역이다.

중국 푸젠성 무이산 천유봉(天遊峯)에서 바라본 무이구곡. 조선의 구곡문화는 주자가 무이산에 은거하면서 무이구곡을 설정하고 무이구곡가를 지은 것에서 비롯되었다.

◆ 구곡문화의 유래

구곡의 조건을 갖춘 지형은 세계 곳곳에 무수히 많을 것이다. 하지만 여기서 이야기하고자 하는 구곡은 특정의 역사적·환경적 조건 속에서 형성된 문화적 개념이다.

이 구곡이란 용어를 처음 사용한 이는 남송의 성리학자 주자(1130~1200)이다. 그의 이름은 희(熹)이고, 호는 회암(晦庵)이다. 주자는 푸젠성(福建省)의 우계현(尤溪縣)에서 태어나 19세에 진사에 급제한 후 24세 때 처음 벼슬길에 나섰다. 이후 71세로 별세할 때까지 여러 벼슬을 받았지만 예우 수준의 명목상 직책이 대부분이었다. 실제 관리로 부임해 복무한 기간은 9년 정도에 불과했다. 주자는 유학 외에 불교와 도교에도 흥미를 가졌으나, 24세에 이연평(李延平)과 만난 이후 유학으로 복귀해 몰두하면서 그 정통을 계승했다.

주자가 푸젠성 무이산(武夷山)에 은거해 학문을 닦으면서 구곡을 경영하고 무이구곡(武夷九曲)을 노래한 「무이구곡가」를 지음으로써 중국의 무이산은 물론 동아시아의 문화지형을 바꾸어 놓게 되었다.

주자는 53세 때인 1183년 무이산에 무이정사를 지어 은거하면서 주변의 사물을 읊은 「무이정사잡영(武夷精舍雜詠)」을 짓고, 아울러 정사를 경영하게 된 내력을 적은 「무이정사기(武夷精舍記)」 등을 남겼다. 그뿐만 아니라 7년간 이곳에 머물면서 후학을 위해 강학하고 학문연구에 힘쓰는 한편, 산수의 아름다움을 한시로 노래했다. 그 가운데 구곡의 경영은 역사적인 사건이었다. 주자는 1184년 구곡을 설정해 배를 타고 구곡을 따라 유람한 뒤 「무이도가(武夷櫂歌)」 10수를 지었다. 주자가 구곡을 설정해 이름을 붙이고 서시와 더불어 곡마다 시를 읊은 이 10수의 「무이도가」, 즉 「무이구곡가」는 구곡문화의 시발점이 되었다.

◆ 구곡문화의 전개

　성리학은 주자가 집대성한 새로운 유학이다. 공자와 맹자의 가르침을 따라 인의예지를 실현하는 도덕적 삶을 통해 도덕사회를 이룩할 수 있다는 것은 기존 유학과 다르지 않다. 하지만 왜 도덕에 따라 살아야 하는지, 과연 도덕에 따라 잘 살 수 있는지를 형이상학적으로 치밀하게 밝힌 점에서 새로운 유학이었다. 간단히 말하자면 심신을 바로 하고 맑게 하며 사물의 이치를 공부함으로써 우주만물의 이치를 체득하고 인의예지를 실천할 수 있다는 것이다.

　조선시대 선비들은 주자를 지극히 존경하며 받들었다. 성리학 신봉자인 조선 선비들의 주자 추앙은 각별했다. 그들은 주자의 사상과 가르침뿐만 아니라, 그의 삶과 문학에 대해서도 큰 관심을 가졌다. 특히 무이산에 은거하며 무이구곡을 경영하고 무이도가를 지은 것에 대해 깊은 관심을 가지고 탐구했다. 주자의 무이구곡 경영과 무이도가 창작은 단순한 일이 아니라고 보았기 때문이다. 무이도가를 도학의 완성을 향해 가는 단계를 읊은 것으로 본 그들은 주자의 무이구곡과 관련된 삶을 자신들의 삶 속에 구현하려 했다.

　그래서 성리학이 정착되던 16세기 조선 지식인들은 무이산과 무이구곡에 대한 글을 기록한 『무이지(武夷誌)』를 탐독했다. 그리고 「무이구곡가」를 차운하거나 〈무이구곡도〉를 감상하며 주자에 대한 존경과 감화의 정서를 고양시켰다. 그들은 또 자신의 거처 주위의 산천에 구곡을 설정하고 정자 등을 마련, 구곡시를 짓고 구곡도를 그리는 등 구곡문화를 일궈갔다. 이를 통해 주자의 사상과 삶, 문학을 본받으려 했다.

구곡문화의 도화선인 「무이도가」가 언제 우리나라에 전래되었는지는 정확하게 알 수는 없지만, 고려 말에 전래된 것으로 보고 있다. 하지만 이 시기에는 무이도가를 하나의 통상적인 시로 인식했을 뿐이다. 구곡을 경영하며 구곡시를 짓거나 하는 것으로 연결되지는 않았다. 구곡문화는 16세기에 이르러 성리학이 지배사상으로 자리 잡으면서 본격적으로 시작됐다.

구곡의 경영과 구곡시 창작은 기록상으로 소요당(逍遙堂) 박하담(1479~1560)의 운문(雲門)구곡과 「운문구곡가」가 처음이라고 한다. 그는 1536년 경북 청도의 운문산을 비롯한 동창천(東創川) 일대의 빼어난 곳을 구곡으로 경영하면서 운문구곡가를 지었다.

비슷한 시기에 퇴계 이황(1501~1570)은 안동에 도산구곡(陶山九曲)을, 율곡 이이(1536~1584)는 황해도 해주에 석담구곡(石潭九曲)을 경영하면서 조선의 구곡문화는 선비들의 필수문화로 자리 잡게 되었다. 특히 이황은 무이도가를 차운(次韻)하여 시를 짓고, 무이구곡도를 감상하며, 『무이지』를 읽고, 무이구곡을 상상하는 삶을 본격적으로 시작한 주인공이다. 이후 한강 정구(1543~1620)의 무흘구곡(武屹九曲), 우암 송시열(1607~1689)의 화양구곡(華陽九曲) 등 수많은 구곡이 뒤를 이었다.

이렇게 구곡을 경영하며 구곡시를 짓고 구곡도를 감상하면서 조선 선비들이 형성한 구곡문화는 성리학을 바탕으로 자연과 문학, 미술이 융합된 조선 성리학의 꽃이고 진수라 할 수 있을 것이다. 성리학 위에 문학(구곡가)과 예술(구곡도), 건축(누정)이 결합된 구곡문화의 심화·확산은 사대부의 원림문화 발전에도 크게 기여했다.

구곡문화 탄생지 무이구곡武夷九曲

　구곡문화는 주자가 중국 푸젠성 무이산에 무이정사를 짓고 은거하면서 시작됐다. 주자는 이곳에 1183년부터 7년 동안 머물면서 계곡의 절경 가운데 아홉 구비에 이름을 붙이고 「무이도가(武夷櫂歌·무이구곡가)」를 지었다. 이것이 무이산의 문화를 바꿔놓음은 물론, 후일 조선에 찬란한 구곡문화를 일구게 했다.

　무이산은 오랜 세월을 거치면서 다양한 역사와 풍부한 전설이 서려있게 된 명산이다. 한족(漢族)이 들어오기 전에는 남방의 이민족이 살았던 곳으로, 절벽에 매장하는 장례풍속이 남아 있었다. 또한 불교와 도교의 자취가 우세했던 곳이다. 그런 곳을 주자가 머물면서 유학자의 강학과 풍류의 공간으로 탈바꿈시켜 놓게 되었다.

◆무이산

　무이산은 중국의 동남쪽에서 산수경관이 최고라는 찬사를 받는 명산이다. 무이산 풍경구 내에서 가장 높은 봉우리는 삼앙봉(三仰峯)으로 높이는 717m이다.

　전설에 따르면, 요(堯)임금 시대에 팽조(彭祖)가 이 산의 만정봉(慢亭峯)에 은거했다고 한다. 팽조의 큰아들 팽무(彭武)와 둘째 아들 팽이(彭夷)는 당시 홍수로 피해를 입은 백성들을 걱정하여 아홉 굽이의 물길을 냈는데, 이를 구곡계(九曲溪)라고 부른다. 구곡계는 길이가 60여 km. 무이산이란 명칭도 팽무와 팽이의 이름에서 따온 것이라고 전한다. 또한 무이산이라는 이름은 한나라 때의 신선인 무이군(武夷君)이 여기에 살았기에 붙은 이름이라고도 한다.

　무이산의 대표적 봉우리인 천유봉(409m) 정상에는 천유각(天遊閣)이 있다. 그곳에 팽조와 팽무·팽이 상이 모셔져 있다. 최고의 절경을 자랑하는 천유봉은 1개의 엄청난 바위로 이루어진 봉우리로, 840개 정도의 절벽 계단으로 오를 수 있다. '천유봉에 오르지 않고는 무이산을 보았다고 하지 마라'는 말이 있을 정도로 무이산 최고의 명소이다. 이곳을 오르면서 보게 되는 무이구곡(4곡~7곡)의 풍광은 탄성을 자아내게 한다. 구곡계 협곡은 맑고 풍부한 물과 부드러운 바위 절벽이 어우러져 뛰어난 풍경을 만들어 낸다.

　무이산은 처음에는 도교의 중심지였지만, 불교 또한 함께 발전하여 17세기에는 불교가 도교를 대신하게 되었다. 그리고 주자가 이곳에 정사를 세우고 성리학을 연구하면서 성리학의 요람으로 변하였다. 무이산에는 북송 시대부터 청 왕조 사이(10세기~19세기)에 지은 35개의

대나무 뗏목을 탄 관광객들이 무이구곡 중 2곡인 옥녀봉(가운데 우뚝 솟은 바위 봉우리)을 지나 1곡으로 내려오고 있다. 무이구곡(9.5㎞) 유람은 9곡에서 출발해 1곡으로 내려가며, 1시간 30분 정도 걸린다.

서원(書院) 유적이 남아 있지만, 대부분 온전하게 남아 있지 않다.

무이산은 무이암차라고 불리는 차 생산지로도 유명하다. 11세기부터 16세기까지 이곳에는 황실의 차 농장이 있었으며, 황실에 바칠 차를 생산했다.

36개 산봉우리, 72개 동천, 99개 암봉, 13개의 샘 등이 있는 무이산은 현재 세계자연유산보호구와 세계문화유산보호구라는 2개 타이틀을 함께 보유하고 있는 명산이자 유명 관광지이다. 중국 10대 명산 중 하나이기도 하다.

6곡 선장봉 주변 풍경.

◆주자와 무이구곡

주자는 이 무이산 계곡 중 절경 9.5㎞ 구간에 구곡을 설정하고, 구곡
의 풍광과 감상을 무이도가로 읊은 것이다.

주자는 무이구곡 아홉 굽이의 절경에 각기 이름을 붙였다. 1곡은 승
진동(升眞洞), 2곡은 옥녀봉(玉女峯), 3곡은 선조대(仙釣臺), 4곡은 금
계동(金鷄洞), 5곡은 무이정사(武夷精舍), 6곡은 선장봉(仙掌峯), 7곡
은 석당사(石唐寺), 8곡은 고루암(鼓樓巖), 9곡은 신촌시(新村市)이다.
선조대는 선기암(仙機岩)으로 불리기도 한다. 금계동은 금계암(金鷄
岩), 5곡은 철적정(鐵笛亭)으로 된 기록도 있다. 철적정은 인지당(仁智

堂), 은구재(隱求齋), 지숙료(止宿寮), 석문오(石門塢), 관선재(觀善齋), 만대정(晩對亭) 등 무이정사의 부속 건물 중 하나였다. 이 구간에 실제 물굽이는 13군데 정도 된다.

무이구곡 구간은 대부분 양쪽으로 솟아있는 커다란 암벽과 높은 암봉들 사이로 맑고 많은 물이 흘러 탄성을 자아내는 절경을 이룬다. 구비가 많으나 물결은 대부분 잔잔하게 흐른다. 작은 폭포도 없다. 옛날에는 1곡에서 뗏목을 타고 9곡까지 거슬러 올랐다고 하나, 지금은 9곡에서 대나무 뗏목(竹筏)을 타고 1곡까지 내려오면서 유람한다. 걸리는 시간은 1시간 30분 정도. 관광객이 많아 하루 종일 뗏목이 이어지며 장관을 이룬다.

무이산의 죽벌(竹筏)은 600~700여 명의 사공에 의해 600여 척이 운행되고 있다고 한다. 죽벌은 2척을 묶어 6인승으로 운행되며, 죽벌 사공은 앞뒤로 1명씩 있다. 3~4m의 대나무 장대를 이용해 강바닥을 이리저리 밀어 배가 흐르는 방향을 조정하는 죽벌인(竹筏人)의 솜씨는 감탄할 정도다. 죽벌은 황금 시즌인 5월이 되면 1주일에 7천~8천 명이 이용한다고 한다.

9곡을 향해 1곡인 승진동에 들어서면 오른쪽으로 멀리 대왕봉(大王峯, 527m)이 솟아있고, 철판봉(鐵板峯, 404m)도 눈에 들어온다.

계곡 위쪽으로는 멀리 2곡의 상징인 옥녀봉(313m)이 멋진 자태를 자랑한다. 앞으로 펼쳐질 절경을 예고하기에 충분한 풍광이다. 옥녀봉은 무이산의 랜드마크로, 무이산 관광 안내간판의 상징 디자인으로 활용되고 있다. 옥녀봉에는 다음과 같은 전설이 전해온다.

옥화상제의 딸 옥녀(옥녀봉)가 무이산에 내려왔다가 무이산 풍광에 취한 데다 대왕(대왕봉)을 만나 천상으로 돌아갈 생각을 하지 않았다. 옥화상제가 철판도 인을 사자로 보내 불러오려 했으나 말을 듣지 않았다. 그러자 사자는 두 사람에게 술법을 써서 바위로 변하게 한 뒤 계곡 양쪽에 떨어져 있게 했다. 그리고 서로 보지도 못하도록 그 사이에 병풍바위(철판봉)를 만들어놓았다.

2곡 옥녀봉을 돌아 올라가면 3곡 선조대를 거쳐 점입가경의 절경들이 구비마다 펼쳐진다. 8곡에 이르면 계곡 주변이 보다 평범해지며, 구곡을 지나면 좌우에 멀리 산이 보이는 평지가 펼쳐진다. 갈수록 골이 깊고 물길도 험해지는 것이 아니라 구곡을 지나면 오히려 평평하고 평범한 계곡이 펼쳐지는 특이한 지형이다.

◆ **칸트에 비유되는 주자**

주자는 선대 유학자들의 성과를 집대성하고 유학의 방향을 새롭게 전환시킴으로써 이후 동아시아 사상계의 지형도에서 커다란 산맥으로 자리 잡은 인물이다.

그는 도교와 불교에도 흥미를 갖다가 24세 때 이연평을 만나 유학에 복귀하며 그의 유학을 계승했다. 그리고 양명학자인 육상산과 더불어 절차탁마하면서 학문(유학)을 비약적으로 심화·발전시켜, 중국 및 동아시아 사상사에 엄청난 영향을 끼친 사변철학과 실천윤리의 체계를 확립하게 되었다. 그는 '천리에서 부여받은 본성(性)이 곧 이치(性卽理)'라는 입장을 취했고, 육상산은 '마음이 곧 이치(心卽理)'라는 입장을 취했다. 두 사람은 치열한 자세로 논쟁에 임했지만, 주자는 나중에

육상산을 백록동서원 강의에 초빙했고, 육상산은 형 육구령의 묘지(墓誌)를 써줄 것을 부탁했다. 학문적 입장을 달리하면서도 서로를 깊이 존경했던 것이다.

주희가 편찬한 책은 80여 종, 남아 있는 편지글은 2천여 편, 그의 대화를 기록한 대화록이 140편에 달한다.

주자는 위로는 공자와 맹자에 거슬러 올라가고, 옆으로는 불가·도가까지 흡수해 새롭고 치밀한 유가의 사상과 수행 방법을 완성했다. 이러한 주자는 서양의 대표 철학자 칸트(1724~1804)에 비유되기도 한다.

1200년 3월 9일 새벽, 주희는 제자들을 곁으로 불러 가까스로 붓을 들었지만 붓을 움직일 힘이 남아 있지 않았다. 낮이 되자 주희는 조용히 눈을 감았다. 주희의 사실상의 유언은 세상을 떠나기 전날, 병문안 온 제자들에게 한 다음과 같은 말이었다.

괜히 여러분을 먼 곳에서 여기까지 오게 했구나. 하지만 도리(道理)라는 게 본래 그런 것이기는 하지. 여러분 모두 힘을 모아 열심히 공부하라. 발을 땅에 굳게 붙여야만 앞으로 나아갈 수 있는 법이다.

주자의 무이구곡가

　조선에 찬란한 구곡문화를 낳게 한 「무이도가(武夷櫂歌)」, 즉 「무이구곡가」는 어떤 내용일까.

　주자가 1184년에 지은 「무이도가」는 무이산의 개황을 읊은 서시로부터 시작된다.

무이산 위에는 신선의 정령이 어려 있고	武夷山上有仙靈
산 아래 찬 물결은 굽이굽이 맑도다	山下寒流曲曲清
그 가운데 기막힌 절경을 알고자 하는가	欲識個中奇絶處
뱃노래 두세 가락 한가로이 들어보게	櫂歌閑聽兩三聲

　무이산 천유봉에는 도교의 천유각(天游閣)이 있고, 천유각에는 800여 년을 살았다는 신선 팽조와 두 아들 팽무·팽이를 모시고 있다. 신선의 정령이 어려 있다는 것은 이를 말한다.

◆무이구곡을 노래한 「무이도가」

일곡 시냇가에서 낚싯배에 오르니   一曲溪邊上釣船

만정봉 그림자 맑은 물에 잠겨 있네   慢亭峰影蘸晴川

무지개다리 한 번 끊어진 뒤 소식이 없고   虹橋一斷無消息

골짜기와 바위 봉우리마다 푸르스름한 안개 자욱하네 萬壑千巖鎖翠煙

1곡 시다. 1곡 북쪽에는 대왕봉(527m)이 솟아있고 대왕봉 왼쪽에 만정봉(幔亭峯)이 있다. 만정봉(512m)은 도가(道家)의 무이군(武夷君)이 연회를 베풀던 곳이라고 한다. 전설에 의하면 진시황 2년 가을에 무이군이 허공에 무지개다리를 놓고 여러 신선들을 초대하여 잔치를 베풀었다고 한다.

이곡에 우뚝 솟은 옥녀봉아   二曲亭亭玉女峰

꽃을 꽂고 물가에 서 있으니 누구를 위한 단장인가   插花臨水爲誰容

도인은 더 이상 양대의 운우를 꿈꾸지 않으리   道人不複陽臺夢

흥에 겨워 앞산에 들어가니 푸르름이 첩첩이네   興入前山翠幾重

2곡에는 유명한 옥녀봉(玉女峯)이 있다. 무이산에서 가장 수려한 봉우리다. 정상에는 나무가 자라고 절벽은 마치 옥석을 잘라 조각한 모습으로, 절색의 소녀가 맑은 물가에서 먼 곳을 바라보는 듯한 형상으로 사람들은 생각했다. 옥황상제의 딸 옥녀가 아버지 몰래 구름을 타고 인간 세상에 내려왔다가 무이구곡의 산수에 매료되고 우연히 대왕(大王)과 만나 좋아하게 되어 돌아오지 않자 옥황상제의 노여움으로 옥녀와 대왕이 돌로 변해 계곡의 양쪽에서 서로 만나지 못하게 되었다는 전설이 전한다.

삼곡에서 그대는 가학선을 보았는가	三曲君看架壑船
노 젓기 그친 지 몇 해인지 모르겠네	不知停櫂幾何年
뽕밭이 바다로 바뀐 것이 언제인가	桑田海水今如許
물거품 같고 바람 앞의 등불같이 가련한 인생이여	泡沫風燈敢自憐

3곡에는 높고 험준한 암벽의 소장봉(小藏峯)이 있다. 소장봉에는 아득한 절벽 위 틈 사이에 배 모양의 목제 관이 있다. 홍교판(虹橋板)과 가학선관(架壑船棺)이다. 가학선관은 골짜기에 설치한 배라는 뜻으로 배 모양의 관(棺)을 말하고, 홍교판은 관을 고정시키기 위한 목판이다. 풍장(風葬)을 하던 고대 남방의 소수민족 관인 가학선관은 수천 년이 지난 지금도 썩지 않고 있다.

사곡의 동서에 우뚝 솟은 두 개의 바위산	四曲東西兩石巖
바위 틈 꽃은 이슬 머금고 푸르게 드리웠네	巖花垂露碧氈氈
금계 울어 새벽을 알려도 보이는 이 없고	金鷄叫罷無人見
공산엔 달빛 가득하고 와룡담엔 물결만 넘실대네	月滿空山水滿潭

4곡으로 돌아들면 거대한 바위산인 대장봉(407m)과 선조대(仙釣臺)가 마주하고 있다. 대장봉(大藏峯)은 도가(道家)의 대장경(大藏經)을 숨겨둔 곳이라고 한다. 대장봉 아래의 와룡담(臥龍潭)은 구곡 중에서 가장 깊은 곳이다. 대장봉 건너편에 제시암(題詩巖)이 있는데, 암벽에 시를 가득 새겨 놓았다. 선조대는 신선이 낚싯대를 드리우던 곳이라 한다. 강태공도 이곳에 와서 낚시를 했다고 한다. 대장봉에는 금닭이 있었다는 동굴 금계동이 있는데, 이곳에도 홍교판과 선관(船棺)이 있다.

오곡은 산 높고 구름이 깊어	五曲山高雲氣深
언제나 안개비에 평림은 어둑하네	長時煙雨暗平林
숲속의 나그네 알아보는 이 없고	林間有客無人識
사공의 노랫가락에 만고의 수심 깊어지네	欸乃聲中萬古心

5곡은 주자가 무이정사를 세워 살던 곳이다. 무이구곡의 중심으로서 계곡 북쪽에는 은병봉(隱屏峰)이 우뚝 솟아있고 그 아래에는 주자가 세운 무이정사가 있다. 이 시에 나오는 높은 산은 은병봉을 가리키고, 평림(平林)은 무이정사로 들어가는 초입의 지명을 말한다.

육곡의 바위 병풍 푸른 물굽이 휘감아 돌아가고	六曲蒼屏繞碧灣
초가집 사립문은 온종일 닫혀 있네	茅茨終日掩柴關
나그네 와서 배를 띄워 바위 꽃이 떨어져도	客來倚櫂巖花落
원숭이와 새들 놀라지 않고 봄 정취 한가롭네	猿鳥不驚春意閑

구곡은 6곡에 이르러 북쪽에 우뚝 솟은 쇄포암(晒布巖)을 바라보며 휘감아 돈다. 쇄포암은 수백 개의 물줄기 자국이 파여 있어 장관을 이루는데, 마치 큰 천을 햇볕에 말리는 듯하다고 해서 그렇게 불린다. 신선의 손바닥 같다고 해서 선장암(仙掌巖)이라고도 한다. 절벽에는 주자가 새긴 '서자여사(逝者如斯)'란 글도 있다. 공자가 물가에서 "세월은 이처럼 흘러가는가, 밤낮을 가리지 않는구나.(逝者如斯夫 不舍晝夜)"라고 한 말에서 가져온 것이다. 선장봉 옆에는 거대한 은병봉(隱屏峯)이 있다.

주자가 1183년에 지어 7년간 은거한 무이정사와 주자 동상(근래 복원한 것임). 주자는 이곳에 은거하며 1184년에 무이구곡을 설정하고 「무이구곡가」를 지었다. 무이정사는 무이구곡 중 5곡의 명칭이기도 하고, 뒤로 보이는 산이 은병봉이다.

칠곡이라 배를 저어 푸른 여울 거스르며   七曲移舟上碧灘

은병봉과 선장암을 다시금 돌아본다   隱屛仙掌更回看

어여쁘다 어젯밤 봉우리에 비가 내려   却憐昨夜峰頭雨

폭포수에 더해지니 얼마나 차가울까   添得飛泉幾道寒

7곡에는 달공탄(獺控灘)이라는 여울이 있다. 달공탄에서 아래쪽으로 돌아보면 거대한 선장암과 은병봉이 보인다. 그리고 위쪽을 보면 멀리 삼앙봉(三仰峯)이 보인다. 해발 717m로 무이산에서 가장 높은 봉우리이다. 커다란 세 개의 봉우리가 층층히 일어나 하늘을 향해 머리를 내고 있다고 해서 붙은 이름이다.

팔곡에 바람 불어 안개 개려 하고   八曲風煙勢欲開

고루암 아래에는 물결이 굽이쳐 돌아가네   鼓樓巖下水濚廻

이곳에 좋은 경치가 없다고 말하지 마라   莫言此處無佳景

여기부터 유람객들이 올라오지 않는구나   自是遊人不上來

8곡 북쪽에는 쌍유봉(雙乳峯)과 품(品) 자 모양의 바위 봉우리로 된 삼교봉(三敎峯)이 솟아 있고, 8곡을 돌아 9곡를 향하면 높이 솟은 고루암이 막아선다. 삼교봉의 삼교는 유교, 불교, 도교를 말한다.

구곡에 다다르니 눈앞이 탁 트이고   九曲將窮眼豁然

비와 이슬 내리는 쌍마(桑麻) 밭 평천이 보이네   桑麻雨露見平川

뱃사공은 다시 무릉도원 가는 길을 찾지만   漁郞更覓桃源路

이곳 말고 인간 세상에 별천지가 있으랴   除是人間別有天

9곡을 지나면 평천이라는 곳이다. 이곳은 지나온 9곡까지와는 달리 하천이 평평하게 흐르고 주변에는 뽕나무와 대마 등이 자라는 들판이 펼쳐진다.

◆ 조선 성리학자들의 「무이도가」 해석

조선의 구곡문화는 성리학자들이 주자의 이 「무이도가」를 접하면서 시작된다. 주자가 어떤 생각을 가지고 구곡을 설정하고 무이도가를 읊었을지 모르나, 성리학이 우리나라에 수용된 후 본격적인 탐구와 토론의 대상이 된 16세기에 이르면 퇴계 이황과 같은 이들에 의해 무이도가는 주자의 문학과 사유를 이해하는 주요한 열쇠 중 하나로 작용하게 된다. 그리고 무이도가를 특별한 뜻이 있는 것으로 받아들이면서, 어떻게 해석하는 것이 정확한 이해인가를 따지는 논의가 활발하게 일어났다.

구곡문화의 핵심인 무이도가 해석은 도학적으로 인식하여 입도차제(入道次第: 유교 도학의 경지로 진입하는 차례)를 읊은 재도시(載道詩) 또는 조도시(造道詩)라고 보는 관점(하서 김인후)과 서정적으로 인식하여 인물기흥(因物起興: 일정한 사물을 통하여 시인이 흥취를 일으키는 것)을 읊은 서경시(敍景詩) 또는 서정시라고 보는 관점(고봉 기대승)으로 나뉘었다.

한편 퇴계 이황은 재도시로 해석면서도 서경시로 해석하는 절충적 입장을 취했다. 퇴계는 주자가 "경치를 묘사하면서 그 속에 탁흥우의했다.(雖亦本爲景致之語, 而其間不無託興寓意處)"는 절충적인 결론을 내렸다. 산수의 흥취에 의탁하여 무언가 전달하고 싶은 메시지를 담았다는 말이 '탁흥우의'이다.

　이러한 해석 차이는 특히 구곡에 대한 시에서 드러난다.

　이처럼 무이도가의 수용에서 드러나는 사림파 지식인들의 의식 차이는 조선 후기까지 지속되면서 구곡문화는 더욱 다양화하고 심화되게 되었다.

　'도에 들어가는 순서를 읊은 시'라는 무이도가의 인식은 조선 후기에 강하게 자리 잡게 되었다. 이런 인식을 더욱 확산시킨 것은 『도가시주(櫂歌詩註)』였다. 지금 전하는 책이 아니어서 자세한 내용은 알 수 없지만, 여러 문헌에 부분적으로 전하는 내용을 보면 무이도가 10수를 입도차제에 맞게 정밀하게 해석하며 비평한 책으로 보인다.

　조선 후기 많은 선비들은 이러한 인식을 바탕으로 무이도가를 인식하고 감상했다. 단순한 서정시가 아니라 조도시라는 도학적 입장에서 접근한 것이다. 특히 성호 이익에게는 무이도가가 입도차제를 읊은 시라는 인식이 깊었다.

　성호는 퇴계의 학문을 계승했지만 무이도가에 대한 인식은 퇴계와 다른 입장을 견지했다. 그는 제1곡에서 제9곡에 이르기까지 『도가시주』의 내용과 거의 차이가 없는 입장을 가졌다. 무이도가에 대한 성호의 해석은 분명하다.

> 일곡은 학문을 처음 시작할 때 방법을 모색하지만 그 말미암을 바를 잡지 못함을 이야기한다. 다음은 노맥(路脈)을 이미 찾았으니 한 마음으로 정진해 물욕으로 인한 방해를 받아서 안 됨을 일렀다. (중략) 구곡은 도의 극처는 일용인륜의 사이에서 벗어나지 않는 것이니, 쌍마(桑麻)의 상업(常業)과 같은 것이다. 혹 다시 소도(小道)의 볼 만한 것을 구하려 달리 일단(一端)에 나아가는 것은 군자가 취할 바가 아니다.

무이도가 인식이 가장 단적으로 잘 드러나는 곳은 구곡이다. 구곡을 도의 극처로 인식하느냐, 그렇지 않느냐가 무이도가 인식을 결정해 준다. 구곡은 경치가 빼어나지 않고 일상의 경관이 전개되는 공간이다. 이러한 평상의 공간을 극처로 인식하는 것은 유람적 접근으로는 가능하지 않다. 더욱 빼어난 경치를 찾아 나아가는 것이 당연한 자세이기 때문이다. 그러나 도학적으로 접근한다면 이곳이 바로 극처가 되는 것이다. 유자(儒者), 즉 선비의 도는 일상의 인륜에 있기 때문이다.

성호는 구곡이 바로 극처이니, 도의 극처는 일용의 인륜 사이를 떠날 수 없다고 했다.

◆중국 문인들의 「무이도가」 해석

무이도가는 중국에서도 가볍게 취급된 작품은 아니었다. 송대를 비롯해 원·명·청의 문인들에게 계속 관심의 대상이 되었다. 그러나 조선의 사림과 지식인의 열광적 수용에 비교할 수는 없었다.

조선의 경우 당대의 지도급 인물들에 의해 주자학 및 주자학적 문학론과 연계되어 수용되었다는 특색이 있었다. 반면 중국에서는 무이도가를 주자학이나 주자학적 문학론과 관련해 이해하는 경향은 별로 눈에 띄지 않는다. 그들은 칠언절구 10수로 된 한 편의 연시로 보고, 무이구곡 자체의 아름다움과 그 속에 깃든 도교적 전설을 담은 서정시로 파악한 것이다.

무이구곡도

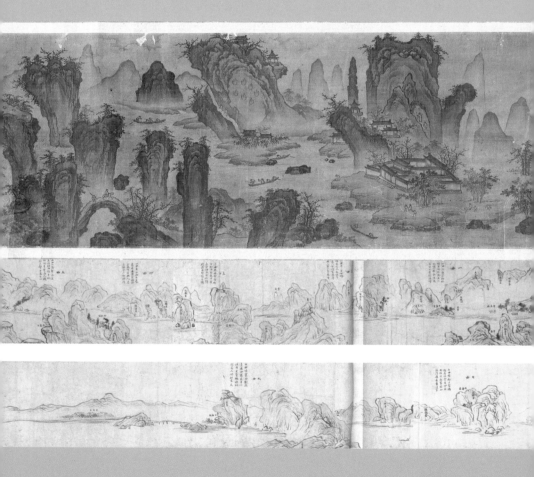

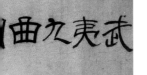

팔경(八景)을 그린 팔경도와 구곡(九曲)을 그린 구곡도는 우리나라와 중국의 대표적 문화산수도 양식이다. 이 중 팔경도의 원류는 중국 후난성(湖南省)의 소수(瀟水)와 상수(湘水)가 합류하는 지역의 경치를 여덟 폭으로 그린 〈소상팔경도〉이다. 북송의 이성(李成)이 처음으로 〈소상팔경도〉를 그렸다. 그리고 구곡도는 바로 주자의 무이구곡을 그린 〈무이구곡도〉가 시초이다.

주자는 54세 되던 1183년 제자들과 함께 푸젠성(福建省) 무이산의 무이구곡에 정사(精舍)를 짓고 은거하면서 성리학 연구와 저술 작업에 전념했다. 이 무이구곡은 원대(元代) 이후 주자 성리학의 발원지로 부상하게 되었고, 주자의 학문적 업적을 기리기 위한 상징물로서 무이구곡도가 활발히 제작되었다.

무이구곡의 산수를 그린 무이구곡도는 16세기 때 조선에 전래된 이후 구한말까지 약 400년 동안 꾸준히 그려진 그림이다. 여말선초에 전래된 주자의 성리

우리나라 〈무이구곡도〉의 대표작인 이성길의 〈무이구곡도〉(부분). 문신인 이성길이 16세기 중국
에서 전래된 원본을 1592년에 베껴 그린 작품이다. (길이 4m × 세로 33.5cm에 이르는 두루마리
작품이다. 국립중앙박물관 소장.)

문인이자 화가인 강세황이 1753년에 그린 〈무이구곡도〉. 이성길의 작품과 달리 주자의 「무이구곡」 시를 담고 있고, 구곡의 위치 등이 표시되어 있다.

학을 깊이 탐구한 16세기 유학자들에게 주자는 학문의 종주로 무한한 존경의 대상이 되었다. 그리고 주자의 삶과 가르침을 담고 있다고 본 무이구곡도는 중국으로부터 전래된 이후 큰 인기를 끌며 유행하였다. 특히 원본을 베껴 그린 모사본이 서울은 물론이고 지방의 지식인들에게도 널리 보급되었다. 당시 유학자들에게 무이구곡도는 단순히 풍경을 감상하기 위한 그림이 아니라, 주자와 정서적 교감을 하기 위한 중요한 수단이었다.

◆조선 선비들이 애장한 무이구곡도

주자 성리학을 최고의 학문 가치로 여긴 조선 선비들의 무이구곡도에 대한 관심과 애정은 각별했다. 요즘처럼 교통이 발달되지 않았던 시절이라 무이구곡을 직접 답사할 수가 없었던 만큼, 무이구곡도를 구해 곁에 두고 보면서 주자의 삶과 가르침을 본받고자 하는 욕구는 더할 수밖에 없었을 것이다. 16세기부터 본격적으로 우리나라에 소개된 무이구곡도의 초기 작품으로 대표적인 예는 1592년 작 이성길(李成吉)의 〈무이구곡도〉(국립중앙박물관 소장)이다. 두루마리로 된 이 그림(가로 4m)에는 화면 전체에 걸쳐 무이구곡의 아홉 굽이가 묘사되어 있다. 이러한 화면 구성은 무이구곡의 경관적 특성과 두루마리 그림의 기능에 맞춘 것이다. 화면에서 각 곡의 명칭은 기록하지 않았지만, 각 곡마다의 특징적인 경관을 일정한 간격으로 화면 안에 배치하여 그린 것이 특징이다.

이성길(1562~?)은 조선 중기의 문신으로 그림에도 뛰어났다. 호는 창주(滄洲). 1589년 문과에 급제한 후 벼슬은 함흥 판관, 합천군수 등을 거쳐 병조참판(兵曹參判)에 이르렀다. 임진왜란 때는 북평사(北評事) 정문부(鄭文孚)를 따라 의병이 되어 전공을 세우기도 했다. 승첩(勝捷)의 상황을 그려 화명(畫名)을 떨쳤으며, 무이구곡도는 진중에서 그렸다 한다.

이성길의 무이구곡도와 함께 대표적인 무이구곡도로 영남대학교 박물관의 〈주문공무이구곡도(朱文公武夷九曲圖)〉를 들 수 있다. 주문공은 주자를 말한다. 16세기 중국에서 전래된 무이구곡도를 지방 화공이 모사한 것으로, 퇴계 이황의 친필 발문이 있어 이황이 그림의 소유자였음을 짐작게 한다. 이황이 이 그림을 보며 눈물을 글썽일 정도로 감동했다는 이야기도 전한다. 경물(景物)의 구성은 이성길의 무이구곡도와 유사하다.

또한 안동의 학봉 김성일(1538~1593) 종택이 소장하고 있는 〈무이구곡지도〉 역시 눈길을 끈다. 무이구곡의 전체 경관을 한 화면에 담은 총도 형식의 구곡도이다. 김성일이 1577년 종사관으로 연경에 갔다 올 때 가져왔다고 전해진다. 당시 조선인 화가가 그 원본을 모사한 작품으로 추정하고 있다. 이 그림은 보기 드문 16세기 무이구곡도 중 하나이다.

무이구곡도 감상층이 점차 확산되면서 18세기 이후에는 무이구곡도를 그리는 사람들도 화원화가와 문인화가, 그리고 무명화가에 이르기까지 다양해졌다. 대표적인 사례가 강세황(1713~1791)의 〈무이구곡도〉(25.5㎝×406.8㎝)와 영남대학교 박물관의 계병(契屛) 〈무이구곡도〉이다. 계병은 나라의 큰 행사를 기념해 만든 병풍이다.

강세황이 그린 무이구곡도는 당시에 전하던 두루마리 형식의 무이구곡도를 간략한 선묘 위주로 베껴 그린 그림이다. 문인화 취향의 분위기가 간결하고도 함축적인 선묘에 잘 나타나 있다. 영남대학교 박물관의 계병 무이구곡도는 8폭을 연이어 그린 것으로 1739년 중종비 단경(端敬) 왕후 신씨의 복위로 인해 능을 단장하는 일을 맡은 도감의 관원들이 기념물로 만든 것이다. 이 두 점의 무이구곡도는 화원 화가들의 공력이 담긴 그림과 문인들의 취향이 담긴 그림으로서 화원화와 문인화의 대비를 잘 보여 준다. 18세기 전반에는 이처럼 무이구곡도가 널리 그려졌다.

한편 성주의 선비인 응와 이원조(1792~1871)는 1862년 무이구곡도와 함께 무이구곡과 관련 있는 선인들의 글을 엮은 첩인 『무이도지(武夷圖誌)』를 만들었다. 무이구곡도와 함께 이황, 정구, 정종로가 쓴 무이구곡 차운시와 이상정의 구곡도 발문 등이 수록되어 있다. 이 무이구곡도에는 주자의 「무이도가」도 담겨 있다. 주자와 무이구곡에 대한 동경심을 읽을 수 있다.

19세기 인물인 소치 허유(1807~1892)도 무이구곡도를 남겼다. 10폭 병풍 작품인데 상단에는 무이구곡가를 쓰고, 아래에는 열 폭 화면에 걸쳐 연결된 산수화면을 담아내고 있다. 1885년에 그린 작품이다.

◆민화로 확산된 무이구곡도

조선 말기의 무이구곡도는 대중화의 단계를 거치면서 민화로까지 확산된다. 그러면서 뚜렷한 양식 변모를 보인다. 무이구곡도는 18세기 후반기에 이르러 전통 형식에서 벗어난 파격적인 그림으로도 그려져 대중의 수요와 접목되었고, 이후 상상력이 가미된 민화로 그려졌다. 원래 유학자나 양반들 사이에서 감상되던 무이구곡도가 민간양식으로 그려져 민화의 저변을 넓히는 소재로 다루어진 점은 의외의 현상으로 평가받고 있다. 이러한 무이구곡도의 민화화는 변화하는 시대 환경, 새로운 수요층의 등장, 민간 양식의 그림 생산 등이 있었기에 가능했던 것으로 분석된다.

1785년에 그린 『무이구곡도첩』(국립중앙박물관 소장)은 무이구곡의 주요 경물을 의인화 내지 의물화하고 있다. 예컨대 제2곡의 중심 경물인 옥녀봉은 한복을 차려입고 서 있는 여인의 모습을 그렸다. 옥녀봉이 미인을 상징한다는 의미를 치마저고리를 입은 여인의 형상으로 의인화한 것이다. 감상자의 시선을 흥미롭게 사로잡는 요소이다. 무이구곡도가 지식이 있어야만 보는 어려운 그림이 아니라, 누구나 재미있게 감상할 수 있는 그림인 점을 강조한 파격적인 구성이다.

가회민화박물관 소장의 10폭 〈무이구곡도병〉은 상상의 경관과 조형성을 강조한 민화풍의 그림이다. 이 병풍 그림은 각 폭마다 대부분 비슷한 구도와 필치로 그려져 있다. 특히 무이구곡의 고유한 지형적 특징은 거의 반영되지 않았고, 상상으로 그린 부분들이 큰 비중을 차지한다. 산의 굴곡을 비슷한 간격의 반복되는 운필로 표현했다. 경물 묘사에 원근의 차이가 없지만, 전통화법에 구애받지 않는 조형적 표현이 신선하다. 여기에 적힌 주자의 「무이구곡시」가 이 그림이 무이구곡도임을 알려 주는 단서이다.

이처럼 무이구곡도는 대중적 취향을 담은 민화로도 그려짐으로써 상류층은 물론, 중서민층에 이르기까지 가장 폭넓은 계층을 대상으로 한 그림의 주제가 되었다.

이 무이구곡도는 조선의 선비들이 설정해 경영한 곳곳의 구곡을 담은 다양한 조선 구곡도로 전개·발전되어 갔다.

안동 도산구곡

　도산(陶山)구곡은 안동을 가로질러 흐르는 낙동강 상류(오천마을 부근~청량산 입구)에 설정된 구곡이다. 그 길이가 27km가 넘는 매우 긴 구곡이다.

　도산구곡은 퇴계 이황(1501~1570)이 도산서당을 짓고 머물렀던 안동 도산에서 비롯된 구곡으로, 이황과는 불가분의 관계에 있다. 하지만 이황이 도산구곡을 직접 설정하고 경영했다는 기록은 확인되지 않고 있다.

　도산은 이황이 학문을 닦고 심신을 수양하던 거점이었다. 그리고 주자의 삶과 학문을 체현하고자 했던 공간이었다. 이황은 또한 〈무이구곡도〉를 비롯해 무이구곡 관련 자료를 가장 많이 구해 탐독하고, 무이구곡가를 차운한 시도 지었다. 이황은 이처럼 주자를 흠모하고 그 행적을 따르고자 했지만, 직접적 구곡 경영은 주자에 대한 도리가 아닌 것으로 생각했던지 자신이 머문 곳에 구체적으로 구곡을 설정하여 경영하지는 않았던 것 같다.

이황이 「희작칠대삼곡시(戱作七臺三曲詩)」를 남긴 것을 보면, 구곡 경영과 구곡시 창작에 뜻을 두고 있었음을 읽을 수 있다. 하지만 구곡 경영까지는 나아가지 않은 것으로 학자들은 분석하고 있다. 여기서 삼 곡은 석담곡(石潭曲), 천사곡(川沙曲), 단사곡(丹砂曲)이다.

도산구곡은 이황의 후손 문집에 등장한다. 이를 통해 이황 사후 200년 정도 지난 18세기 후반기에 도산구곡이 만들어졌음을 알 수 있다. 이이순(1754~1832)은 「유도산구곡경차무이도가운십수(遊陶山九曲敬次武夷棹歌韻十首)」에서 도산을 무이구곡에 비유하면서 주자와 이황의 학문적 위업을 나란히 평가했다. 이황이 주자의 학문을 정통으로 계승했다는 의미를 강조하고 있다.

◆ 이황과 도산구곡

이황은 태어나고 자란 예안의 온혜리 일대를 비롯해 독서와 사색의 장이었던 청량산, 노년에 머물렀던 도산이 그 삶의 중심지였다.

이황은 온혜리에서 태어나 그 인근에서 40대 후반까지 살았다. 숙부 이우(1469~1517)의 훈도를 받던 소년 시절부터 청량산을 왕래하며 독서에 열중했으며, 34세에 과거에 급제해 관직에 나아간 이후 49세에 풍기군수를 사직하고 귀향했다. 50대 초반에 다시 조정의 부름을 받고 53세에 성균관 대사성을 지냈다. 이후에도 관직이 주어졌으나 사퇴하고 예안으로 돌아와 저술과 강학에 전념하며 말년을 보냈다.

이황은 50대를 한서암(寒棲庵)과 계상서당(溪上書堂)에서 보내다 다시 은거할 곳을 물색, 도산의 남쪽 땅인 지금의 도산서원 자리를 찾아 도산서당을 짓기 시작했다. 이황은 서당의 규모와 구조, 건물 배치 등에 세심한 관심을 기울였다. 5년 만인 1561년에 완공을 보았으며, 이곳에서 말년 10년을 보내다 생을 마감했다.

이황은 사색과 독서의 장이었던 청량산이 아니라 왜 도산을 선택했을까. 이황은 청량산이 험준한 산이라서 늙고 병약한 자신이 즐겨 다니기에 힘겨웠고, 또 청량산 안에는 물이 없어 산수를 좋아하는 자신의 심신을 의탁하기에 어려웠다는 점을 『도산잡영병기(陶山雜詠幷記)』에 밝힌 바 있다.

이황이 도산에서 보낸 삶은 주희의 무이구곡 삶과 흡사한 점이 많다. 도산으로 거처를 옮긴 뒤에 지은 『도산잡영병기』는 주희가 무이정사에서 남긴 『무이정사잡영병서(武夷精舍雜詠幷序)』와 유사하다. 거처를 정하게 된 동기, 주변 경물의 선정과 이름을 붙이는 방식을 보면 이황이 주희와 무이정사를 염두에 두었음을 알 수 있다.

그런데도 이황이 자신이 머물던 장소에 구곡을 정하고 이름을 붙이지 않은 이유는 무엇일가. 이에 대해 이황 자신이 구곡을 두는 것은 주자를 존모하는 태도에 역행하는 행위로 인식했거나 도산서당 주변의 지리적 환경 등 때문인 것으로 연구자들은 추측하고 있다.

◆**이황의 「무이도가」 차운시**

주자의 「무이도가(武夷櫂歌)」를 차운하여 시를 짓고 〈무이구곡도(武夷九曲圖)〉를 감상하고 『무이지(武夷志)』를 읽고 무이구곡을 상상하는 조선 선비들의 본격적 삶은 이황으로부터 시작되었다. 이황은 어느 날 무이지를 읽고 무이도가를 차운하여 시를 지었다. 이 시의 제목은 「한거독무이지차구곡도가운십수(閒居讀武夷志次九曲櫂歌韻十首)」. 이를 풀이하면 '한가롭게 지내면서 무이지를 읽고 구곡도가를 차운한 10수' 이다. 시의 제목에서 이 시가 어떻게 지어졌는가를 알 수 있다.

　여기서『무이지』는 중국 무이 지방의 풍물을 기록한 책이다. 물론 무이산과 무이구곡에 대한 기록이 자세히 실려 있다. 퇴계는 이 책을 읽고 상상 속에서 무이구곡을 유람하고 그 감회를 주자의「무이도가」형식을 따라 시를 읊은 것이다. 이황이 지은 구곡시의 대상은 지금 자신이 살고 있는 강호(江湖)가 아니라, 그 옛날 주자가 은거했던 무이구곡이었다. 주자를 따라 무이구곡을 읊은 이황의 시다.

신선산은 이령(異靈)을 자랑하지 않고	不是仙山託異靈
창주의 유적은 맑기만 하다	滄洲遊跡想餘清
지난 밤 꿈의 감격 때문에	故能感激前宵夢
구곡가 운을 빌어 다시 노래하네	一櫂賡歌九曲聲
일곡에서 고깃배를 찾아 오르니	我從一曲覓漁船
천주봉은 예와 같이 의연히 서천을 굽어보네	天柱依然瞰逝川
한 번 진유(眞儒: 주희)가 음상(吟賞)한 후로는	一自眞儒吟賞後
동정(同亭:도교 전설 어린 정자)에 다시 풍연을 관장함이 없어라	同亭無復管風烟
이곡이라 선녀가 변한 푸른 봉우리	二曲仙娥化碧峰
아름답고 빼어나게 단장한 얼굴이네	天妍絕世靚修容
다시는 경국지색 엿보지 않노라니	不應更覬傾城薦
오두막에 구름이 깊고 깊게 드리우네	閭閻雲深一萬重
삼곡이라 높은 벼랑에 걸린 큰 배	三曲懸厓揷巨船
공중을 날아와 걸린 그때 일 괴이하다	空飛須此怪當年
내를 건넘에 마침내 어떻게 쓰였을까	濟川畢竟如何用
오랜 세월 헛된 번뇌 귀신 보호 가련하구나	萬劫空煩鬼護憐

사곡이라 선기암은 밤이 되어 고요한데	四曲仙機靜夜巖
금계가 새벽 되니 날개 치며 새벽 알리고	金鷄唱曉羽毛銰
이 사이에 다시 풍류가 있으니	此間更有風流在
양구 걸치고 월담에 낚싯줄 드리우네	披得羊裘釣月潭
그때 오곡 산 깊이 들어가니	當年五曲入山深
대은이 도리어 수풀 속에 은거하셨네	大隱還須隱藪林
요금을 빗겨 안고 달밤에 타노라니	擬把瑤琴彈夜月
산 앞의 삼태기 맨 사람 이 마음 알겠는가	山前荷蕢肯知心
육곡이라 푸른 옥빛 물굽이 둘러 있고	六曲回環碧玉灣
신령한 자취는 어디인가 구름 관문뿐이로다	靈踪何許但雲關
꽃잎 떠 있는 물길 따라 깊은 곳 찾아오니	落花流水來深處
비로소 알겠네 선가의 한가로움을	始覺仙家日月閑
칠곡이라 노를 잡고 또 한 여울 오르니	七曲撑篙又一灘
천호봉의 기이한 풍경 가장 볼 만하네	天壺奇勝最堪看
어찌하면 신선이 마시는 유하주를 얻어서	何當喚取流霞酌
취하여 비선(飛仙)을 따라 학의 등에 오르려나	醉挾飛仙鶴背寒
팔곡이라 구름 걷히니 호수가 열리고	八曲雲屏護水開
표연히 노에 맡기고 물 위를 선회하네	飄然一棹任旋廻
고루암은 조물주의 뜻을 알아서	樓巖可識天公意
나그네를 불러서 끝까지 찾아오게 하네	鼓得遊人究竟來
구곡이라 산 열리니 눈앞이 확 트이고	九曲山開只曠然
사람 사는 마을 긴 하천 굽어보네	人烟墟落俯長川
그대는 이것을 유람의 끝이라 말하지 말라	勸君莫道斯遊極
묘처에 반드시 별천지가 있으니	妙處猶須別一天

◆ 언제 누가 설정했는지 불명확한 도산구곡

도산구곡은 중국 무이산에 주자가 있었다면 조선의 도산에는 퇴계 이황이 있었다는 설정을 바탕으로 만들어졌다.

도산구곡이 언제 누구에 의해 설정되었는지는 확실하지 않다. 이황이나 그의 제자들 문집에서 이황이 도산구곡을 설정했다는 사실을 언급한 기록이 없어 이황이 직접 설정했다고 볼 수도 없다. 도산구곡에 대한 구체적 기록은 후계(後溪) 이이순(1754~1832)의 문집『후계집(後溪集)』에서부터 찾을 수 있다.

내가 보건대 청량에서 운암까지 45리 사이에 명승지가 많은데 도산이 그 가운데 자리해 상하를 관할하며 한 동천을 만든다. 시험 삼아 그 굽이를 이루는 가장 아름다운 곳을 무이구곡의 예를 따라 나누면 운암(雲巖)이 제1곡이 되고, 비암(鼻巖)이 제2곡이 되고, 월천(月川)이 제3곡이 되고, 분천(汾川)이 제4곡이 되고, 탁영담이 제5곡에 있으니 이곳은 도산서당이 있는 곳이다. 제6곡은 천사(川砂)이

퇴계 이황이 소장하며 친필 발문 등을 남긴 〈주문공무이구곡도〉(영남대학교 박물관 소장). 주문공은 중국의 주자를 말한다.

도산구곡 중 8곡에 있는 고산정 주변 풍경. 도산구곡은 퇴계 이황이 만년을 보냈던 안동 도산을 중심으로 낙동강 상류 오천마을 부근에서 청량산 입구까지 27㎞에 걸쳐 설정됐다.

고, 제7곡은 단사(丹砂)이고, 제8곡은 고산(孤山)이고, 제9곡은 청량(淸凉)이니 굽이굽이 모두 선생의 제품(題品)과 음상(吟賞)이 미친 곳이다.

이이순은 이렇게 구곡을 자신이 직접 설정하고, 주자의 무이도가를 차운한 시 「유도산구곡경차무이도가운십수(遊陶山九曲敬次武夷棹歌韻十首)」도 지었다. 이 기록 등을 통해 볼 때 도산구곡 설정은 18세기 후반에 이루어진 것으로 파악된다. 도산구곡시도 18세기 후반부터 본격적으로 창작되었다. 특히 이황의 후손들에 의해 많이 지어졌다. 그 대표적 인물이 후계 이이순, 광뢰(廣瀨) 이야순(1755~1831), 하계(霞溪) 이가순(1768~1844)이다. 이 밖에 이종휴(1761~1832), 조술도(1729~1803), 금시술(1783~1851), 최동익(1868~1912) 등도 도산구곡시를 지었다. 현재까지 도산구곡시는 20여 편에 이르는 것으로 파악되고 있다.

축융봉에서 본 청량산 풍경.

　　그런데 이들 도산구곡시들을 보면, 구곡의 지점이나 명칭이 대동소
이하나 일치하지는 않는다. 이를 통해서도 도산구곡은 이황이 아니라
후학들이 설정한 것임을 알 수 있다. 그런데 19세기 후반의『오가산지
(吾家山誌)』에는 구곡의 위치와 명칭을 정리해 구체적으로 밝히고 있
다. 오가산지는 이황이 '오가산'이라 명명한 청량산과 관련된 이황의
시문 등을 모은 책으로 이만여(1861~1904)가 편찬했다. '청량산지'라
고도 불린다.

　　명종 병인년(1566) 임금이 도산을 그리기를 명하고, 그 후 영조 계축년(1733)과
　　정조 임자년(1792)에 또 그림을 그려서 올려라 명하니, 도산을 그린 것이 청량
　　에서 운암까지 구곡이 된다. 삼가 이 화본에 의거하여 청량의 여러 시를 먼저 싣
　　고 도산의 여러 시를 총체적으로 묶어서 청량에서 도산까지, 도산에서 운암까지
　　길을 따라 지은 시를 하나하나 갖추어 기록해 한 구역의 산천을 총괄한다. 구곡

은 1곡이 운암(雲巖), 2곡이 월천(月川), 3곡이 오담(鰲潭), 4곡이 분천(汾川), 5곡이 탁영(濯纓), 6곡이 천사(川沙), 7곡이 단사(丹砂), 8곡이 고산(孤山), 9곡이 청량(淸涼)이다.

이를 통해 오가산지를 엮을 때 기존의 여러 도산구곡시를 참고하고 안동 사림의 견해를 종합해 도산구곡을 확정한 것으로 볼 수 있다. 이 도산구곡의 지점은 이이순, 이야순 등이 설정한 내용과 거의 일치하고, 특히 이가순이 설정한 구곡의 지점과 동일하다.

현재 도산구곡 중 5곡까지는 안동댐 건설로 대부분 수몰되어 온전한 모습을 찾을 수 없다.

◆ 이야순 도산구곡가

대표적 도산구곡가인 이야순의 「차무이구곡도가운십수(次武夷九曲棹歌韻十首)」를 따라 그가 정한 도산구곡 풍경과 이야기를 떠올려 본다.

일곡이라 바위 위의 구름 배를 잡아당길 듯하고	一曲巖雲若挽船
추로지향 군자 많지만 그중에도 오천이라네	魯多君子說烏川
단풍에 어린 저녁 풍경 누가 이어 노래하리	丹楓落日吟誰續
쓸쓸한 절에는 한 점 푸른 연기만 머물 뿐	蕭寺靑留一點烟

1곡 운암사(雲巖寺)는 이야순 당시에도 이미 퇴락했던 모양이다. 쓸쓸한 절에 감도는 한 점 푸른 연기는 인생무상을 이야기하고 있다. 안

동이 조선의 대표적 추로지향(鄒魯之鄕: 공자와 맹자의 고향)으로 불려 왔는데 그중에서도 오천마을이 으뜸으로 꼽혔다. 이 마을에는 이황의 제자들이 많았고, 이황은 제자들과 함께 이 마을 앞 강변의 운암사에서도 노닌 적이 있다. 운암사는 오래전에 없어졌고, 절터마저도 지금은 댐이 생기면서 물속에 잠겨버렸다.

이곡이라 부용봉 옥을 깎아 만든 듯	二曲芙蓉削玉峯
누굴 위해 만들었나 달빛 가득한 풍월담	爲開風月滿川容
학문으로 나아가는 길의 연원은 트여 있으니	通郊十里淵源闊
구름 연기 한두 겹 막혔다고 말하지 말게나	莫道雲煙隔一重

2곡은 월천(月川)이다. 1곡에서 6㎞ 정도 거슬러 오르면 월천이다. 이황의 가장 큰 제자인 월천 조목이 이 월천마을에 살면서 동네 이름을 자신의 호로 삼았다. 댐이 생기면서 주민 대부분 떠나갔고 언덕 위에 월천서당이 있다. 월천 조목을 생각하며 지은 것이다.

삼곡이라 연못의 자라 배를 이고 있는 형상	三谷潭鰲爲戴船
우리나라 역학이 어느 해에 시작되었나	吾東易學昉何年
오랜 세월 공력 쌓아 주역 이치 밝혔는데	積陰已久乾坤闢
명교당 정일재 안에는 달빛만 다시 애잔하네	精一齋中月更憐

3곡 오담(鰲潭)은 우탁을 모신 역동서원이 있던 곳인데, 지금은 이곳 역시 안동호 물에 잠겨버렸다. 이야순은 삼곡시에서 고려 말 선비인 우탁(1262~1342)의 업적을 찬양하고 있다. 역동서원은 1969년 안동시 송천동으로 옮겼고, 현재 안동대학교가 관리하고 있다.

사곡이라 거센 물가 바위 귀머거리 되고	四曲偏聾激水巖
바위 위 구름 겹겹이 둘러싸 푸르게 내려오네	巖雲重鎖碧㲯㲯
농암에 살던 신선 지금은 어디에 계신가	巖居仙伯今何處
복사꽃잎 떨어지고 있는데 달은 못 속에 숨어있네	花落蟠桃月在潭

4곡은 분천(汾川)이다. 이곳 역시 수몰되었다. 농암 바위가 유명한 분천마을은 영천 이씨 집성촌으로 농암 이현보가 대표적 인물이다. 시에서 농암에 살던 신선은 이현보를 말한다.

오곡이라 탁영담은 깊고 깊어서	五曲纓潭不測深
채우고 남은 물결 사방을 적시네	涵渟餘派遍千林
옛날 같은 달과 끝없이 흘러오는 물	如斯月水源源處
고인을 생각하니 실로 내 마음과 합하는구나	思古人惟獲我心

5곡 탁영담은 도산서원 앞의 물결이 굽이도는 지점이다. 이황은 탁영담에서의 뱃놀이 운치를 매우 좋아했다고 한다. 5곡에 있는 도산서원은 무이구곡 중 주자가 머물렀던 5곡의 무이정사와 같은 의미를 지니고 있는 공간이다.

육곡이라 나무숲이 옥 같은 물굽이를 감싼 곳	六曲林墟抱玉灣
피라미와 백로는 사이좋게 지내네	鯈魚白鳥好相關
하명동(霞明洞)에 핀 늦은 꽃 더욱 어여뻐	更憐花晚霞明處
서쪽 바라보며 한적한 골짜기 하나 차지했네	西望曾專一壑閒

6곡 천사(川砂)의 풍경을 읊고 있다. 넷째 구절의 한적한 골짜기는

중국 북송의 문필가인 왕안석의 시 구절에서 인용한 것으로, 벼슬에서 물러나 시골에서 은거하며 살고픈 마음을 표현하고 있다. 이황은 천사를 이렇게 노래했다.

천사 시냇물은 산굽이를 흘러들어	川流轉山來
옥 같은 무지개가 마을을 감싸 드리웠네	玉虹抱村斜
언덕 위에는 푸른 밭두둑 무성하고	岸上藹綠疇
숲가에는 흰모래 펼쳐져 있네	林邊鋪白沙
칠곡이라 휘감아 도는 한 줄기 여울물	七曲縈迴一水灘
갈선대와 고세대를 다시 돌아서 보네	萬仙高世更回看
만 섬의 붉은 단사 하늘이 감춘 보배	丹砂萬斛天藏寶
푸른 절벽에 구름 일어 찬물이 어리네	青壁雲生相暎寒

7곡 단사(丹砂)는 강변의 벼랑이 붉은빛을 띠기 때문에 얻은 이름이다. 이황은 단사마을에 대해 "비스듬히 이어가서 단사벽에 이르면 푸른 산 붉은 벼랑이 깎아지른 듯 천 길 높이 서고, 푸른 강이 마을 안아 푸른 벽을 다하며 구름을 내고 물을 푸르게 하니 마치 그림에 들어온 듯하다."고 묘사하고 있다. 갈선대와 고세대는 강변에 있는 바위 이름으로, 도가의 인물에서 따와 붙인 것이다.

팔곡이라 옥거울 같은 물가에 홀로 선 산	八曲山孤玉鏡開
또렷또렷한 심법이 이 물가에 맴도는구나	惺惺心法此沿洄
멈추어 노래하다 푸른 절벽 향해 묻노니	停歌爲向蒼崖問
지팡이 짚고 시 지어 노닐던 분 기억하는가	能記題詩杖屨來

8곡 고산(孤山)이다. 강변에 우뚝 솟은 암봉이 고산이고, 맞은편 강변에 고산정이 자리하고 있다. 고산정은 이황의 제자인 성재 금난수가 머물던 정자이다. 이야순은 맑은 물이 흘러가는 고산 계곡의 아름다운 풍광에서 심법을 떠올리고, 후반 두 구절에서는 이황의 자취를 떠올린다.

구곡이라 산이 깊어 형세가 끊어진 곳	九曲山深勢絶然
산속에 누가 알리 이런 냇물 일을 줄	山中誰認有斯川
복사꽃 뜬 물결에 세인들이 알까 두려우니	人間可怕桃花浪
백사장 백로에게 이 동천 보호하라 분부하리라	分付沙鷗護洞天

9곡 청량(淸凉)은 청량산 입구의 강마을인 광석마을 주변이다. 청량산을 사랑한 이황은 스스로 호를 '청량산인'이라 짓고 이 산에 머물며 후학을 가르치기도 했다. 이야순은 복사꽃이 떠내려가면 혹여나 세상 사람들 눈에 띌지 모르니 백로에게 이곳을 보호하라 부탁하고 있다. 이황이 지극히 사랑했던 산이기 때문이다.

해주 고산구곡

　조선시대의 무이구곡은 누구도 가보지 못한 곳이었기에 상상 속에서만 떠올려야 했다. 그러한 동경을 해소해 준 것이 바로 무이구곡도였다. 무이구곡도는 주자학(성리학)에 대한 이해의 기반이 마련된 16세기부터 조선에 들어왔다. 이후 지식인들에게 큰 관심의 대상이 되었으며, 조선 말기까지 변용과 확산의 과정을 거치며 널리 감상되었다. 17세기에 이르면 무이구곡에 대한 막연한 동경에서 벗어나 개인의 은거처에 구곡을 조성하는 사례가 등장했다.

　무이구곡을 상상하는 데 그치지 않고, 자신이 머문 현실 공간 속에 직접 구곡을 마련하고자 했다. 이러한 구곡 경영은 주자의 학자적 삶을 적극 계승하는 방편으로 여겨졌다. 이는 조선구곡의 조성과 조선식 구곡도가 등장하는 계기가 되었고, 나아가 독창적인 조선의 구곡문화가 태동하는 토대가 되었다.

　조선구곡의 본격적인 서막은 율곡 이이(1536~1584)가 은거의 공간으로 조성한 고산구곡(高山九曲)

으로부터 비롯되었다. 퇴계 이황과 달리 율곡 이이는 직접 구곡을 설정하고 경영했다. 고산구곡은 조선의 선비가 직접 구곡을 경영한 초기 사례 중 하나이다.

이이는 1569년 교리(校理)에서 물러나 황해도 해주에 머문다. 해주는 이이의 처가가 있는 곳이다. 2년 뒤인 1571년에는 해주에 있는 산인 고산의 석담리(石潭里)를 탐방하고, 계곡의 아홉 굽이에 이름을 붙인 뒤 은거의 뜻을 밝혔다. 그러나 이이는 여러 가지 사정으로 인해 고산구곡을 자주 찾지 못했다. 관직의 임기를 마친 뒤 잠시 휴가를 보내고자 한시적으로 왕래했을 뿐이다.

이이가 정하고 이름 붙인 구곡은 제1곡 관암(冠巖), 제2곡 화암(花巖), 제3곡 취병(翠屏), 제4곡 송애(松崖), 제5곡 은병(隱屏), 제6곡 조협(釣峽), 제7곡 풍암(楓巖), 제8곡 금탄(琴灘), 제9곡 문산(文山)이다.

그 후 이이는 2년간의 해주 관찰사직을 마친 1576년에 고산구곡으로 돌아가 기거할 거처로 청계당(聽溪堂)을 세웠다. 2년 후인 1578년(43세)에는 청계당 동편에 정사를 짓고 은병정사(隱屏精舍)라 이름을 붙였다. 주자가 무이구곡 5곡을 굽어보는 은병봉 아래 무이정사를 지은 것을 본받은 것이다. 이렇게 고산구곡에서 본격적으로 은거할 준비를 마쳤지만, 오래 머물지 못했다.

그리고 이이는 1578년 은병정사를 짓고 은거하면서 주자의 무이도가(武夷櫂歌)를 본떠서 「고산구곡가」를 지었다. 고산구곡가는 한글로 지은 시조 형식의 시다. 이이가 고산구곡을 조성한 것은 고산구곡가 서두에서 "고산의 아홉 굽이 계곡을 사람들이 모르더니/ 풀을 베고 집 지어 사니 벗님네 찾아오는구나/ 아아, 무이를 생각하고 주자를 배우리라"고 밝혔듯이 주자의 무이구곡을 생각하고 주자의 학문을 계승하

국보 제237호로 지정된 〈고산구곡도〉 그림 중 김홍도가 그린 〈1곡 관암도〉(왼쪽)와 이의성이 그린 〈9곡 문산도〉. 12폭으로 된 이 고산구곡도시화병에는 구곡 그림과 함께 이이의 「고산구곡가」, 송시열의 「고산구곡가」 한역시 등이 함께 실려 있다.

기 위한 것이었다.

　조선은 주자의 성리학을 국시로 했고, 이이 역시 주자의 가르침과 삶을 흠모하며 그를 본받으려 했다. 이이는 사람들이 고산 계곡의 뛰어난 경치를 모르는 것도 안타까웠지만, 단순히 그 이유만으로 고산구곡가를 지은 것은 아니다. 그 바탕에는 주희의 무이구곡과 무이도가 등이 있었던 것이다

◆ 이이의 「고산구곡가」

이이의 「고산구곡가」는 다음의 서시로부터 시작된다. 현대어로 바꾸고 그 해설문을 함께 덧붙인다.

고산구곡담(高山九曲潭)을 사람이 모르더니
주모복거(誅茅卜居)하니 벗님네 다 오신다
어즈버 무이(武夷)를 상상(想像)하고 학주자(學朱子)를 하리라
(고산 구곡담을 사람들이 모르더니
풀을 베고 집 지어 사니 벗님들 다 오는구나
아아, 무이를 생각하고 주자를 배우리라)

일곡(一曲)은 어디인가 관암(冠巖)에 해 비친다
평무(平蕪)에 안개 걷히니 원근(遠近)이 그림이로다
송간(松間)에 녹준(綠樽)을 놓고 벗 오는 양 보노라
(일곡은 어디인가 갓바위에 해 비친다
들판에 안개 걷히니 원근이 그림같이 아름답구나
소나무 숲속에 술통 놓고 벗들 오는 모습 보노라)

이곡(二曲)은 어디인가 화암(花巖)에 춘만(春晩)하구나
벽파(碧波)에 꽃을 띄워 야외(野外)에 보내노라
사람이 승지(勝地)를 모르니 알게 한들 어떠리
(이곡은 어디인가 꽃바위의 늦봄 경치로다
푸른 물결에 꽃을 띄워 멀리 들판으로 보내노라
사람들 경치 좋은 이곳을 모르니 알게 하여 찾아오게 한들 어떠하리)

삼곡(三曲)은 어디인가 취병(翠屛)에 잎 퍼졌다
녹수(綠樹)에 산조(山鳥)는 하상기음(下上基音) 하는 적에
반송(盤松)이 수청풍(受淸風)하니 여름 경(景)이 없어라
(삼곡은 어디인가 푸른 병풍 같은 절벽에 녹음이 짙어졌도다
푸른 숲에서 산새들 아래위로 지저귀는 때에
반송이 맑은 바람에 흔들리니 여름 풍경 이에 더 없어라)

사곡(四曲)은 어디인가 송애(松崖)에 해 넘는다
담심암영(潭心岩影)은 온갖 빛이 잠겼어라
임천(林泉)이 깊을수록 좋으니 흥(興)을 겨워하노라
(사곡은 어디인가 소나무 벼랑 위로 해 넘어간다
물속의 바위 그림자 온갖 빛과 함께 잠겨 있구나
숲속 샘은 깊을수록 좋으니 흥에 겨워하노라)

오곡(五曲)은 어디인가 은병(隱屛)이 보기 좋다
수변정사(水邊精舍) 소쇄(瀟灑)함도 가이없다
이 중에 강학(講學)도 하려니와 영월음풍(詠月吟風)하리라
(오곡은 어디인가 병풍바위 보기도 좋다
물가에 세운 집 깨끗하기 그지없구나
이런 곳에서 글도 가르치고 시를 지어 읊으며 풍류도 즐기리라)

육곡(六曲)은 어디인가 조협(釣峽)에 물이 넓다
나와 고기와 누가 더 즐기는가
황혼(黃昏)에 낙대를 메고 대월귀(帶月歸)를 하노라
(육곡은 어디인가 낚시하는 골짜기에 물이 많구나
나와 고기 어느 쪽이 더 즐기는가
황혼에 낚싯대 메고 달빛 받으며 집으로 돌아가리라)

칠곡(七曲)은 어디인가 풍암(楓巖)에 추색(秋色)이 좋다
청상(淸霜)이 엷게 치니 절벽이 금수(錦繡)로다
한암(寒岩)에 혼자 앉아서 집을 잊고 있노라
(칠곡은 어디인가 단풍 덮인 바위에 가을빛이 좋구나
맑은 서리 엷게 내리니 절벽이 비단 빛이로다
차가운 바위에 혼자 앉아 집에 돌아가는 것도 잊고 있노라)

팔곡(八曲)은 어디인가 금탄(琴灘)에 달이 밝다
옥진금휘(玉軫金徽)로 수삼곡(數三曲)을 탄 것을
고조(古調)를 알 이 없으니 혼자 즐겨 하노라
(팔곡은 어디인가 거문고 소리 들리는 듯한 여울에 달이 밝다
빼어난 거문고로 서너 곡조 탔지만
옛 가락을 알 사람이 없으니 혼자서 즐기노라)

구곡(九曲)은 어디인가 문산(文山)에 세모(歲暮)구나
기암괴석(奇岩怪石)이 눈속에 묻혔어라
유인(遊人)은 오지 아니하고 볼 것 없다 하더라
(구곡은 어디인가 문산에 해 저문다
기이한 바위와 돌들이 눈 속에 묻혔구나
세상 사람들 찾아와 보지도 않고 볼 것 없다 하더라)

고산구곡가는 조선시대 성리학자들이 무이도가를 수용하는 데 있어서 이황의 경우가 그렇듯이 거의 한시로 차운(次韻)을 한 것과 달리, 시조의 형태로 지었다는 점에서 각별하다. 그리고 주자의 무이도가를 본떠 지었으나 시상(詩想)에 있어 독창적인 면이 엿보인다.

이이는 시조의 형식을 빌려서 한글로 지었다. 그래서 이 고산구곡가

는 주자가 지은 무이도가의 조선화라는 의미도 담고 있다. 그리고 무이도가와 달리 각 굽이마다 지명을 언급하는 방식을 취했다. 이러한 방식은 조선시대 구곡시가의 보편적 방식으로 자리 잡게 되었다.

이이의 「고산구곡가」는 주자의 무이도가를 본받은 것이지만 무이도가와는 그 시의(詩意)에 있어 많은 차이가 있다. 무이도가는 무이산에서 각 굽이의 경치를 평화로이 즐기는 주자 자신의 모습을 나타낸 것인 반면, 고산구곡가는 각 굽이의 경치를 하루와 1년의 시간 흐름 속에 나타내고 있다. 동시에 고산에서 강학과 음풍농월을 하며 무이산의 주자를 흠모하는 자신의 마음이 영원하리라는 것을 표현하고 있다. 그리고 전체적으로 인생과 자연에 대한 관조를 통해 보편적 진리를 발견하고 자신의 삶을 그것과 일치시키는 시세계를 보여주고 있다.

무이도가가 역대 시인들이 본받아 쓴 시들이 첨가돼 거대한 작품군을 형성한 것처럼, 고산구곡가도 관련 한시 작품들이 보태어지면서 하나의 작품군으로 형성된다.

◆송시열 주도로 제작하기 시작한 고산구곡도

이이의 고산구곡 경영과 고산구곡가 창작은 후대에 이르러 고산구곡도 제작으로 발전한다. 고산구곡도는 이이가 별세한 뒤 문인들에 의하여 제작되었을 것으로 추정된다. 이와 관련되는 기록이 옥소(玉所) 권섭(1671~1759)의 『옥소장계(玉所藏笈)』에 수록된 「고산구곡도설(高山九曲圖說)」에서 확인된다. 이에 따르면 이이의 서현손(庶玄孫)인 이석이 그린 고산구곡도를 원만령(元萬齡)이 소장하고 있다가 김수증에게 주었다. 그리고 김수증으로부터 그 작품을 증여받은 송시열은 김수증, 김수항, 권상하 등 9명에게 고산구곡가의 차운시를 짓게 해 그림과 함께 장정했다고 한다. 한시와 시조에 능했던 권섭은 권상하의 조카이며, 옥소장계는 기호학파의 구곡가 관련 시문들을 모은 것이다.

이처럼 고산구곡도 제작은 17세기 후반에 이르러 시작된다. 이이의 학통을 이은 기호학파로 노론의 핵심 인물인 우암(尤庵) 송시열(1607~1689)이 주도적이었다. 이이의 학통을 이은 서인 노론계 문사들은 고산구곡을 이이의 학문적 상징 공간으로 삼고, 그 위상을 높이기 위해 고산구곡도를 제작하기 시작했다. 이후 고산구곡도의 초기 양식은 18세기 이후로 계승되면서 범본(範本)의 기능을 하였고, 19세기에는 민간 화가들이 그린 민화의 소재로도 널리 그려졌다.

송시열은 당시 황폐화된 고산구곡을 정비하고, 자신의 제자들에게 이이의 고산구곡가를 차운(次韻)한 한시를 짓게 한 뒤 그림과 함께 목판화로 제작해 보급하려는 계획을 세웠다.

현재 전하는 대표적인 고산구곡도 작품으로는 국보 제237호로 지정된 〈고산구곡시화병(高山九曲詩畫屛)〉이 있다. 1803년 노론계의 사대부, 문인, 화가 등 총 21명이 발(跋)·제(題)·시(詩)·서(書)·화(畫)·평(評) 등을 맡아 제작한 것이다. 현부행(玄溥行)의 발의로, 이이가 은거했던 황해도 해주의 고산구곡의 경치와 시를 모아 화원과 문인화가들이 그림을 그리고, 문신들이 시를 쓴 것 등을 한데 모아 병풍으로 꾸민 것이다.

각 폭의 최상단에는 조선 후기 명필 유한지(1760~1840)가 쓴 표제가 있고, 그 아래 상반부에는 이이의 고산구곡가와 송시열의 고산구곡가 한역시 및 김수항을 비롯한 서인계 기호학파 제자들의 역화시(譯和詩)가 김조순 등 안동 김씨 일문의 문신들 글씨로 적혀 있다. 이어 화

1803년에 제작한 〈고산구곡시화병〉 (국보 237호) 중
〈구곡담총도(九曲潭摠圖)〉 (김이혁 그림).

면의 중·하단에 고산구곡의 각 경치가 그려져 있다. 여백에는 각 폭마다 김가순(金可淳)이 쓴 제시(題詩)가 있다.

12폭 중 제1폭에는 이이의 제자로 당대의 대표적 문장가인 최립(1539~1612)의 「고산석담기(高山石潭記)」가 실려 있다. 제2폭은 〈구곡담총도〉를 김이혁(金履赫)이 그렸으며, 이후 3폭부터 11폭에는 각각 고산구곡의 경치가 하나씩 그려져 있다.

1곡인 관암도는 김홍도(金弘道)가, 2곡 화암도는 김득신(金得臣)이, 3곡인 취병도는 이인문(李寅文)이, 4곡인 송장도는 윤제홍(尹濟弘)이, 5곡 은병도는 오순(吳珣)이, 6곡 조협도는 이재로(李在魯)가, 7곡 풍암도는 문경집(文慶集)이, 8곡 금탄도는 김이승(金履承)이, 9곡 문산도는 이의성(李義聲)이 그렸다. 마지막 12폭에는 송시열의 6대손 송환기(宋煥箕)의 발문과 「석담구곡시」가 있다.

이 고산구곡도는 진경산수화와 남종화의 화풍을 따랐고, 각 경관은 위에서 내려다보는 조감법으로 묘사되어 있다. 당시 이름난 화가들의 특색과 기량이 잘 나타나 있어 그들의 역량을 비교해 볼 수도 있다.

◆ 민화로도 그려진 고산구곡도

이와 함께 19세기에 그려진 고산구곡도의 대표작은 홍익대학교 박물관과 영남대학교 박물관 소장의 10폭 「고산구곡도병」이다. 두 병풍은 1817년 작으로 글씨 한 폭과 그림 아홉 폭으로 구성되어 있다. 그림 속의 경물은 화면 아래에서 위쪽으로 쌓아 올라가는 방식으로 구성되어 있다.

이를 민화풍으로 계승한 사례는 건국대학교 박물관 소장 고산구곡

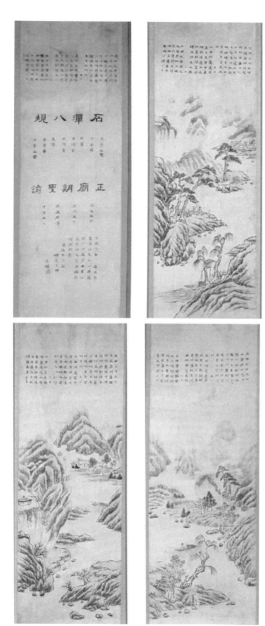

영남대 박물관 소장 「고산구곡도병」
10폭 중 1~4폭.

도병을 들 수 있다. 이 10폭 병풍 역시 글씨 1면과 그림 9면으로 구성되어 있다. 이 「고산구곡도병」은 그림의 구도가 앞 시기의 형식을 유지하고 있으나 표현상의 미숙함이 드러난다. 특히 묘사에 형식화가 두드러진 점과 초보적인 묘사는 민화풍의 일반 산수화에서 볼 수 있는 특징에 가깝다.

구곡도를 소재로 한 민화는 일반 민화와 달리 양반 문화에 대한 동경의식이 깔려 있는 그림이다. 민화 구곡도류의 수요층은 18세기 후반부터 부를 축적한 상인과 부농, 그리고 기술직 중인을 비롯한 신흥부유층과 무관하지 않다. 민화 구곡도가 그려진 중심에는 바로 신흥부유층과 그들의 수요가 있었고, 이들은 그림의 화격을 크게 따지지 않았다.

조선시대의 구곡도는 회화사적으로 두 가지 중요한 성취를 이루었다. 첫째는 중국으로부터 전래된 무이구곡도를 조선구곡의 조성과 함께 한국적인 화풍의 구곡도로 전환하였다는 점이다. 17세기 이후 무이구곡도의 장소성과 화풍을 조선화된 구곡도로 창출하는 성과를 거둔 것이다. 둘째, 지식인들의 전유물과 같았던 구곡도를 대중이 함께 공유할 수 있는 민화의 주제와 양식으로 변환을 이룬 점이다. 조선 구곡도는 한국화와 대중화라는 두 측면에서 뚜렷한 성취를 보여 주었다는 평가를 받고 있다.

◆ 송시열 등 10명이 지은 「고산구곡시」

송시열은 『고산구곡도첩』을 제작하기로 하고, 그 일을 제자인 권상하(權尙夏)에게 맡겼다. 이렇게 해서 권상하가 송시열의 뜻을 받들어

「고산구곡시」를 차운할 사람을 선정했다. 선정된 송시열의 문인은 김수항(金壽恒), 권상하(權尙夏), 송규렴(宋奎濂), 송주석(宋疇錫), 김창흡(金昌翕), 이희조(李喜朝), 김창협(金昌協), 정호(鄭澔), 이여(李畬)이다. 이들의 구곡시는 고산구곡도와 함께 장정되었다.

송시열이 서시를 짓고, 이들 아홉 명이 한 수씩 배정받아 지은 「고산구곡시」를 소개한다.

오랜 시간 천종이라 땅이 밝고 신령하니	五百天鍾地炳靈
율옹의 자질과 품격이 순수하고 맑아라	栗翁姿稟粹而淸
고산의 아홉 굽이 그윽하고 깊은 곳에	高山九曲幽深處
찬 시내 물소리 거문고 소리를 내도다	汩瀁寒流點瑟聲
〈우암 송시열〉	

일곡이라 송간에 옥선을 띄우니	一曲松間漾玉船
관암에 솟는 해 앞내를 비추네	冠巖初日暎前川
지팡이 짚고 앉아 좋은 벗 오기 기다리니	携筇坐待佳朋至
먼 산과 평무에 저녁 연기 걷히어라	遠岫平蕪捲夕煙
〈문곡 김수항〉	

이곡이라 선암의 꽃들 봉우리에 빛나니	二曲僊巖花暎峰
푸른 물결 흐르는 물 위로 봄꽃이 떠가네	碧波流水漾春容
지는 꽃이 흩어져 어랑이 알게 될지언정	落紅解使漁郞識
도원이 만 리나 떨어졌다 말하지 말지어다	休說桃源隔萬里
〈제월 송규렴〉	

삼곡이라 일찍이 학선 읊조림 들었는데　　　　三曲曾聞詠鶴船
위로 노닐며 노 저어 간 것이 몇 년인가　　　　上游移櫂問何年
산새가 상전이 벽해된 일들을 말하는데　　　　山禽解說滄桑事
아래 위의 산새 소리 진실로 어여쁘네　　　　下上其音正可憐
〈문암 정호〉

사곡이라 송애는 만 길의 바위로다　　　　四曲松崖萬丈巖
해 저무니 숲 그림자 푸른빛을 띠네　　　　日斜林影翠鈙鈙
기쁜 뜻은 실로 그윽하고 깊은 곳에 있으니　　　　怡情正在幽深處
흰 구름 푸른 산 한 연못에 드리우네　　　　雲白山青集一潭
〈수곡 이여〉

오곡이라 구름과 안개 깊고도 깊으니　　　　五曲雲煙深復深
무이의 정사가 이 산 숲속에 자리하네　　　　武夷精舍此山林
지팡이 짚고 짚신 신고 맑은 시내 오르니　　　　修然杖屨清溪上
그 누가 음풍농월하는 마음 알아줄까　　　　誰會吟風詠月心
〈곡운 김수증〉

육곡이라 봄이 깊어 푸른 시내에서 낚시하고　　　　六曲春深釣綠灣
돌아올 때 시내 달이 송관을 비추네　　　　歸時溪月照松關
해자 다리 아래위로 천기가 활발하니　　　　濠梁上下天機活
물고기와 내가 서로 잊어 그 누가 한가한가　　　　魚我相忘果孰閑
〈삼연 김창흡〉

칠곡이라 풍암이 푸른 여울에 드리우고　　　　七曲風巖倒碧灘
금병의 가을빛이 잔잔한 수면에 비친다　　　　錦屏秋色鏡中看
유연히 홀로 앉아 돌아갈 길 잊으니　　　　悠然獨坐忘歸路

한결같이 서리 바람 맞아 얼굴이 차갑네   一任霜風拂面寒
〈수암 권상하〉

팔곡이라 산과 시내 어디에서 열리는가   八曲溪山何處開
종일토록 즐겨 금탄을 따라 걸어가네   琴灘終日好沿洄
거문고 연주하려 하나 화답하는 이 없어   牙絃欲奏無人和
홀로 푸른 산 마주하고 달과 함께 돌아오네   獨對靑天霽月來
〈지촌 이희조〉

구곡이라 문암은 눈이 하얗게 쌓이니   九曲文巖雪皓然
기이한 형상 옛 산천을 다 덮어라   奇形掩盡舊山川
유인은 가경이 없다고 말하지 말아라   遊人謾說無佳景
이 동천을 즐겨 끝까지 찾지 않노라   未肯窮尋此洞天
〈교리 송주석〉

괴산 화양구곡

　화양구곡(華陽九曲)은 괴산군 청천면 속리산국립공원 내 화양천 3㎞ 구간에 자리하고 있다. 하류에서 상류로 거슬러 올라가며 좌우 자연경관이 빼어난 지점에 구곡이 자리하고 있다. 우리나라에는 많은 구곡이 있지만, 화양구곡은 보기 드물게 1곡부터 9곡까지 원형을 거의 그대로 유지하고 있는 곳이기도 하다. 빼어난 경치를 자랑하는 화양구곡은 2014년 8월에 대한민국의 명승 제110호로 지정되었다.

　화양구곡이 있는 화양계곡은 청화산(988m)에서 발원하여 서쪽으로 흐르는 화양천과 그 주변에 있는 가령산, 도명산, 낙영산, 조봉산 등이 둘러싸듯 어우러져 만들어진 계곡이다. 이 일대의 지질은 화강암이 잘 발달되어 있다. 화양천이 흐르면서 골짜기에 있는 화강암을 침식시키면서 기암괴석이 하늘을 향해 떠받들고 있는 듯한 모습을 비롯해 절벽, 바위, 소 등 다양하고 아름다운 경관을 빚어내고 있다.

1756년에 권신응(1728~1787)이 그린 〈화양구곡도〉(충북대 박물관 소장) 중 〈읍궁암(오른쪽)〉과 〈첨성대〉. 당시 화양구곡 내 건물과 바위 등의 위치나 명칭을 잘 알 수 있다.

◆송시열 유적 중심으로 설정된 화양구곡

화양구곡은 우암(尤庵) 송시열(1607~1689)이 은거처를 마련, 도학을 닦으며 남긴 유적들을 중심으로 설정된 구곡이다. 송시열은 60세 되던 1666년 8월부터 화양동에 계당(溪堂)을 짓고 머물기 시작했다. 그는 회덕으로 돌아간 1686년 4월까지 화양동에서 20년 동안 살았다. 우암과 그의 제자들은 이곳 구곡의 바위에 여러 가지 글씨를 새기는 등 많은 유적을 남겼다.

이곳 화양동은 원래 황양목(회양목)이 많아 황양동(黃楊洞)이라고 불렸으나, 송시열이 이곳에 들어와 살면서 이름을 화양동(華陽洞)으로 고쳐 불렀다고 한다. 화(華)는 중화(中華)를 뜻하고, 양(陽)은 일양래복(一陽來復)에서 따왔다. 일양래복은 불행이 지나가고 행운이 찾아오는 것을 뜻하는데, 군자의 도가 사라졌다가 다시 싹트기 시작한다는 의미를 지닌다.

우암 송시열이 은거했던 화양동계곡의 화양구곡 중 2곡 운영담(雲影潭). 맑은 물에 구름이 비치는 못이라는 의미다.

　　우암과 그의 제자들은 중국의 명나라가 망해버린 마당에 중화문명을 지켜낼 수 있는 나라는 오직 조선밖에 없다면서 화양구곡을 경영했다. 구곡의 큰 바위에 명나라 황제와 조선 국왕의 글씨를 새기는 등의 행위를 통해 화양구곡을 중화문명의 성지(聖地)로 만들고자 했다.

　　명나라는 쇠퇴하고 청나라가 일어서면서, 청은 명나라를 치기 전 조선을 두 번 침략했다. 조선은 두 번의 전쟁에서 패전했으면서도 청을 오랑캐로 보고, 비록 망했지만 유교의 도통(道統)을 이은 명나라를 문명국으로 보고 따랐다. 이런 친명반청(親明反淸) 정책의 중심에 송시열이 있었다.

　　화양구곡은 송시열이 사망한 후 제자인 수암(遂菴) 권상하(1641~1721)가 처음으로 설정하고, 이후 단암(丹巖) 민진원(1664~1736)이 구

4곡 금사담과 그 옆 바위 위에 있는 암서재.

곡의 범위와 명칭을 최종적으로 확정하고 그 이름을 전서로 바위에 새긴 것으로 알려지고 있다. 그리고 민진원이 화양구곡 아홉개 굽이의 범위와 명칭을 최종 확정한 시기는 1721년에서 1727년 사이일 것으로 추정되고 있다.

화양구곡 명칭은 제1곡 경천벽(擎天壁), 제2곡 운영담(雲影潭), 제3곡 읍궁암(泣弓巖), 제4곡 금사담(金沙潭), 제5곡 첨성대(瞻星臺), 제6곡 능운대(凌雲臺), 제7곡 와룡암(臥龍巖), 제8곡 학소대(鶴巢臺), 제9곡 파곶(巴串)이다.

◆ 구곡 굽이마다 전서로 이름 새겨

『화양지(華陽誌)』에는 구곡에 대해 곡마다 이름을 붙인 연유와 풍광을 간단하게 설명하고 있다. 화양지는 1744년(영조 20년)에 송주상(宋周相)이 편찬하고 1861년(철종 12년)에 송달수(宋達洙)·송근수(宋近洙) 등이 증보하여 간행한 화양동(華陽洞)·만동묘(萬東廟)·화양서원(華陽書院) 등에 대한 기록이다.

제1곡 경천벽은 기암괴석이 하늘을 떠받치는 듯한 모습을 하고 있다. 이 바위에는 '화양동문(華陽洞門)'이라는 송시열의 글씨가 새겨져 있다.

제2곡 운영담은 경천벽에서 400m 정도 위에 있는 계곡으로, 맑은 물이 모여 소를 이루고 있다. 구름의 그림자가 맑게 비친다 하여 운영담이라고 한다. 주자의 시 구절 '하늘 빛(天光) 구름 그림자(雲影)'에서 취한 것이라고 화양지에 적고 있다.

제3곡 읍궁암은 운영담에서 조금 거슬러 올라가면 나오는, 계곡 가

화양구곡 중 7곡인 와룡암과 거기에 새겨진 '와룡암(臥龍巖)' 글씨. 민진원이 약 300년 전에 새긴 전서 글씨로, 각 굽이마다 같은 글씨체로 이름이 새겨져 있다.

에 있는 바위이다. 희고 둥글넓적한 이 바위는 송시열이 제자였던 임금 효종이 죽자 매일 새벽마다 이 바위에 올라 엎드려 통곡하였기에 읍궁암이라 불렀다. '읍궁'에서 궁은 활인데, 활은 귀인의 죽음을 비유한다. 여기서는 효종의 승하를 말한다. 효종 제삿날 5월 4일이 되면 이 바위 위에서 대궐을 향해 통곡했다. 읍궁암 옆에 송시열의 유언에 따라 그의 제자 권상하 등이 중국의 명나라 신종과 의종의 위패를 모시고 제사를 지냈던 만동묘(萬東廟)와 송시열의 영정을 모신 화양서원(華陽書院)이 있다.

제4곡 금사담은 맑은 물속에 보이는 모래가 금싸라기같이 깨끗하여 붙인 이름이다. 금사담은 화양구곡의 중심이다. 금사담 옆 바위 위에는 암서재(巖棲齋)가 있다. 송시열이 기거하며 학문을 닦고 후학을 가르치던 곳이다. 현재의 암서재는 1986년에 새로 지은 것이다. 1669년 송시열이 지은 암서재 시다.

시냇가 절벽 사이	溪邊石崖開
그 틈에 집 지었네	作室於其間
차분히 성현의 말씀 찾아	靜坐尋經訓
분촌도 아끼며 공부한다네	分寸欲躋攀

이 시 현판이 암서재에 걸려있다.

암서재 옆 직립한 바위에 '창오운단 무이산공(蒼梧雲斷 武夷山空)'이란 송시열이 글씨를 쓴 암각문이 있다. 창오운단에서 창오(蒼梧)는 순임금이 죽은 곳이다. 창오에 구름이 끊어졌으니 요(堯)→순(舜)→우(禹)→탕(湯)→문(文王)·무(武王)→주공(周公)으로 이어지는 도통(道統)이 끊겼음을 이야기하고, 그 끊긴 도통을 무이산에서 공부한 주자가 이었으나, 이제 무이산도 비었다며 한탄한 말이다. 또 하나의 암벽에 새긴 큰 암각 글씨로 명나라 태조의 글씨인 '충효절의(忠孝節義)'가 있다.

제5곡 첨성대는 금사담에서 1㎞쯤 올라가면 나온다. 큰 바위가 첩첩이 겹치어 높이 솟아 있고 그 위에서 별을 관측할 수 있다 하여 첨성대라 한다. 첨성대 아래에는 다음의 글씨가 새겨져 있다. 첨성대 아래 큰 바위에 새겨진 선조의 글씨 '만절필동(萬折必東)'과 숙종의 글씨인 '화양서원(華陽書院)'이다. 만절필동은 황하(黃河)가 만 번 굽이쳐도 결국은 동으로 간다는 뜻으로, 동(東)은 원래 중국의 동쪽을 가리키나 우리나라로도 볼 수 있다.

제6곡 능운대는 시냇가에 우뚝 솟아 있는 큰 바위인데, 그 높이가 구름을 찌를 듯해 붙인 이름이다.

제7곡 와룡암은 계곡 가의 크고 넓은 바위(길이 30m·폭 8m)인데, 그 모습이 꿈틀거리는 용을 닮았다.

제8곡 학소대는 바위가 쌓여 봉우리를 이루고 있다. 이 바위산에 큰 소나무들이 자라는데, 이곳에 학들이 집을 짓고 새끼를 쳤다 하여 이름을 학소대라 했다.

학소대에서 1㎞ 정도 거슬러 오르면 제9곡 파곶이다. 개울 복판에 희고 넓은 바위가 펼쳐져 있는데, 그 위로 흐르는 물이 마치 용의 비늘을 꿰어놓은 것처럼 보여 파곶이라 한다. 넓고 평평한 바위에 용의 비늘무늬를 연상시키는 포트홀(돌개구멍)이 발달되어 있다.

◆1844년에 지은「화양구곡기」

우암 송시열의 후손인 수종재(守宗齋) 송달수(1808~1858)의 문집인『수종재집(守宗齋集)』에 실린「화양구곡차무이도가운(華陽九曲次武夷棹歌韻)」(1844년 작)의 내용을 소개한다. 화양구곡의 당시 풍광과 역사, 작자의 생각 등을 잘 알 수 있는 글과 시다.

송달수는 송시열의 8대손으로, 송치규(宋穉圭)의 문인이다. 1852년 경연관(經筵官), 사헌부의 지평(持平)·장령(掌令) 등을 역임하였으며, 1855년 승지에 이어 이조참의에 이르렀다. 학문에 힘써 예학과 성리학에 밝았다.

송달수의 글과 시다.

화양동 구곡의 시냇물은 동에서 발원해 서쪽으로 오다가 괴강(槐江)에 든다. 처음엔 두 물줄기가 멀리서부터 구불구불 흘러오는데, 선유동과 송면(松面) 사이에 합류하고, 파곶(巴串)에 이르면 점점 평평하게 펴져서 흐른다. 계곡은 온통 암반이며 바닥의 돌은 모두 희다. 그 가운데 갈라진 틈 사이로 시냇물이 흐르는데, 그 모양이 '곶(串)' 자와 같다. 파곶이란 이름은 이 때문일 것이다.

파곶에서 왼편으로 조금 내려가면 석봉(石峯)이 갑자기 높이 솟아 있고, 봉우리 위엔 가로로 걸터앉을 만한 커다란 돌이 있다. 위쪽 흙이 조금 덮여있는 곳에 푸르고 무성한 노송이 있다. 이곳이 학소대이다. 옛날 청학(靑鶴)이 새끼를 치기 위해 보금자리를 만든 곳이라고 한다.

학소대 아래로 한 굽이 휘어져 꺾인 곳부터 오른쪽으로 커다란 너럭바위가 수변에 누워있는데 와룡암이다. 와룡암에서 두세 번 굽이 돌아 내려가면 우측에 능운대가 있고, 좌측에 첨성대가 보인다. 능운대 위는 산기슭에 닿아 있고, 아래로는 시냇물에 다다른다. 한 덩어리의 바위가 우뚝 솟아 대를 이루는데, 족히 수십 명은 앉을 수 있겠다. 나무는 바위틈으로 무성하게 자라 그늘을 드리웠는데, 옷깃을 헤치고 서니 매우 상쾌하다.

첨성대는 깎아놓은 것처럼 우뚝 서 있는 거대한 바위 맨 꼭대기에 겹겹의 돌이 서로 포개져 대를 이루었다. 지붕의 처마를 덮어놓은 것 같다. 그 아래 바위엔 선조 임금의 어필을 새겨 놓았다. 또 돌로 만든 감실은 비바람을 가릴 수 있으니, 참으로 세상에서 '아무도 모르게 숨길 만한 곳이요 귀신이 깎고 새긴 것'이라 이를 만하다.

첨성대 북쪽의 훤히 트인 골짜기에 채운암(彩雲菴)이 있고, 능운대의 아래 그윽이 깊은 곳에 환장사(換章寺)가 있다. 두 곳 모두 승려들이 거처한다. 절 앞쪽에는 운한각(雲漢閣)이 있다. 그 우측 석문에서 바위 위로 나가면 세 칸의 암서재가 있다.

암서재 아래는 금사담이다. 골짜기의 물이 바위 사이에서 흘러나오는데, 물살이 세차고 빠른 곳이 많으며, 순탄하게 흐르는 곳은 적다. 여기를 지나면 물살이 잔잔하게 흐르고, 물이 깊고 넓어져서 못을 이루었는데, 금빛 모래가 가득해 맑고 윤기가 나며 깨끗하다. 그래서 금사담이라는 이름을 갖게 되었다. 일찍이 우암 선생께서 왕래할 당시에는 물고기를 잡는 작은 배가 아니면 건널 수가 없었다고 한다. 지금은 수심이 얕고 깊은 곳을 따라 옷자락을 걷고 건널 수 있으니 세월의 흐름에 따라 골짜기의 형세가 바뀜을 볼 수가 있다.

금사담을 지나 수십 보 아래의 읍궁암은 우암께서 효종 임금의 제삿날이면 통곡한 곳이다. 읍궁암 곁 평지의 정사는 우암 선생께서 거처하신 곳이다. 정사의 남쪽 조금 위에 만동묘를 세우고, 만동묘 아래에는 서원을 세웠다. 그리고 서원 앞에 소양(昭陽)·열천(洌泉)의 두 재(齋)가 있다.

정사 북쪽 조금 아래에는 운영담이 있는데, 금사담 하류에서 읍궁암까지 바위와 돌을 만나 물살이 빠르다. 운영담에 이르면 고르고 넓은 물이 못을 이루고, 곁의 석벽은 짙푸른 등나무 넝쿨이 서로 뒤섞여 무성하게 자라고 있다.

운영담 아래에서 다시 몇 굽이를 지나면 푸른 석벽이 하늘 높이 우뚝 솟아 있으니, 바로 경천벽이다. '힘차고 고귀해 굽히지 않는 기상과 두껍고 무거워 옮길 수 없는 형상'이라고 하는 표현이 맞을 것이다.

화양구곡은 경천벽에서 시작해 파곶까지이다. 구곡의 명칭은 어느 때 비롯되었는지 모르겠지만, 어떤 것은 형상을 보고 짓거나 역사적 사실에 따라 명명하기도 했다. 아니면 경치 때문에 이름을 붙이기도 했을 것이다.

구곡의 순서는 한수재(寒水齋) 권상하 선생께서 정했으며, 굽이마다 새긴 전자(篆字)는 담암 민진원의 글씨다.

(전략) 옛날에 율곡 선생이 석담에 살면서 「고산구곡가」를 읊은 것은 「무이고사(武夷故事)」를 모방한 것이다. 우암 선생께서도 「무이도가」의 첫 편을 차운해 시를 짓고, 나머지 아홉 편의 절구는 당시의 여러 현인들에게 부탁해 그들로 하여금 운을 따서 「고산구곡시」를 짓게 했다. 그러나 오직 화양구곡만은 「무이도가」를 차운해 지은 시가 없으니 그 이유를 알 수가 없다. 그 뒤의 현인들도 우암 선생이 고산구곡의 시를 지은 것처럼 차운해 지은 시가 없으니, 역시 그 이유를 알 수가 없다.

이에 감히 재주 없음을 잊고, 삼가 「무이도가」의 운을 써서 「화양구곡시」를 지으니 잘못된 부분이 있으면 동지들은 바로잡아 주기를 바란다. 주자의 「무이도가」는 자연의 아름다움에 감흥을 일으키고, 정취를 미루어 도의 오묘한 진리를 밝혀내 뜻이 원대하고 여운이 오래도록 남는다. 솜씨가 서툰 내가 어찌 만 분의 일이나마 주자를 본받을 수 있겠는가마는 다만 그 경치를 보고 묘사하고자 하였을 뿐, 「고산구곡시」의 여러 작품과 같은 빼어남은 마침내 미칠 수가 없다. 여러 동지들은 시로써 이를 보지 말고 뒤어 이어 답시를 지어 선비들의 아름다운 일이 되게 하기를 바란다. 1844년 여름.

◆주자의 무이도가를 차운한 송달수의 화양구곡시

하늘이 대현(大賢)을 내려 땅의 정기 열리고
화양의 맑은 물은 무이(武夷)에 닿아있네
겨울 소나무 홀로 봄빛을 띠니
세월 흘러도 아름다운 풍속 다하지 않으리라
〈서시〉

일곡이라 봄 물결 일어 배 띄울 만한데
하늘 높이 솟은 푸른 암벽 물 깊은 시내 곁에 있네
애오라지 한 손으로 돌기둥 떠받들고
우뚝 서서 언제 세속 일에 물든 적 있었으랴
〈경천벽〉

이곡이라 맑은 못에 푸른 봉우리 기울고
흰 구름 한 장이 산을 덮었네
때때로 지나가며 인간 세상에 비 내리고

또 숲을 겹겹이 감싸는구나
〈운영담〉

삼곡 바위 위에 낚싯배 매어두니
봄날 서재의 하루 일 년 같네
찬 시냇물 임금의 승하 슬퍼하는 눈물인 양
밤낮 울부짖으며 흐르니 너무 애처롭구나
〈읍궁암〉

사곡이라 도인을 찾아 가파른 바위에 올라가니
듬성듬성 가늘고 푸른 소나무 집 주위에 늘어져 있네
금모래 옥돌 깔린 세상 밖 선경이 펼쳐지니
천년의 마음 담은 달빛이 못에 비추는구나
〈금사담〉

오곡이라 산을 따라 점점 깊이 들어가니
숲은 하늘 높이 첨성대 위로 솟아났네
하느님이 솜씨 좋게 절벽의 돌 다듬어
충정(衷情)의 신하에게 나라 위해 마음 쓰게 한 것이라네
〈첨성대〉

육곡이라 우뚝 솟은 층대는 푸른 물굽이에 의지하고
높이 솟아올라 성큼성큼 걸어 겹겹의 문 통과하네
그윽한 곳 산새와 이야기하고 아름다운 꽃나무와 어울려
지팡이 눕히고 신 벗어 놓고 종일 한가로이 보내노라
〈능운대〉

칠곡이라 푸른 절벽 흰 돌에 여울이 일고
와룡의 신기한 흔적 길이 머무르네
숨어 있어도 스스로 밝은 덕 드러나
끝내 짙은 그늘 추위 속에서 온누리로 나오리라
〈와룡암〉

팔곡이라 구름 안개 내렸다가 다시 걷히니
푸른 솔 우뚝 솟고 물은 굽이굽이 휘돌아가네
늘그막에 수많은 바위에 정붙여 벗처럼 의탁하니
산 사립문에 나그네 온다고 알리지 마라
〈학소대〉

구곡이라 파곶 계곡 가장 시원스레 탁 트였으니
찬 돌이 눈처럼 깔려 있고 옥은 냇물에서 솟아오르네
가고 가다가 비로소 참다운 근원에 이르렀음을 깨달았으니
빼어난 경치는 모두 이곳 동천(洞天)에서 다하였네
〈파곶〉

봉화 춘양구곡

　봉화는 깊은 산골이지만 선비들의 숨결이 곳곳
에 남아있는 고장이다. 운곡천(雲谷川)은 그 숨결이
스며있는 대표적 하천이다. 태백산 줄기인 문수산
(1,206m), 옥석산(1,242m), 각화산(1,177m) 등에서
발원해 춘양면 서벽리와 애당리를 적시고, 법전면 소
천리를 거쳐 명호면 도천리에서 낙동강에 합류한다.

　춘양구곡은 경암(敬巖) 이한응(1778~1864)이 이
운곡천 9㎞에 걸쳐 설정하고 경영한 구곡이다. 이한응
은 서예와 시문에 뛰어났으며, 법전면 녹동마을에 있
는 계재(溪齋)에서 성리학을 공부하며 제자 양성에 주
력했다. 이한응의 학문은 오로지 경(敬)에 있었다. 그
는 성인(聖人)과 광인(狂人)의 구분은 단지 경과 일
(逸)에 있다고 하였다. 이처럼 경을 중시해 자신의 호
도 경암이라 지었다.

◆ 선비들이 은거한 정자 중심으로 구곡 설정

춘양구곡은 앞서간 학자들이 은거한 정자나 정사가 있는 굽이를 중심으로 설정했다. 깊은 오지임에도 불구하고 성리학의 도가 면면히 전해 내려오는 것을 자랑스럽게 드러내려 한 것이다.

> 춘양은 신령한 골짜기와 맑은 시내를 가졌다. 춘양의 물은 태백산 서남 두 계곡으로부터 흘러오다가 남으로 흘러 낙동강으로 합해져 수백 리를 흐른다. 태백산은 신령하고 빼어남이 충만한데 춘양이 그 중심에 있음으로써 그윽하고 깊을 뿐만 아니라 시내가 흐르면서 가경을 이루고 있다.

이한응은 「춘양구곡시」 서문에서 이렇게 운곡천 주변의 자연환경을 이야기한 뒤 "우리 현은 비록 처한 곳이 궁벽하나 덕이 높은 유현이 많이 이어 나고, 우아한 풍절은 성대하게 세상의 희망이 되는지라, 이미 각각 장수(藏修)하는 임학(林壑)과 평장(平章)하는 수석(水石)이 은구(隱求)와 양진(養眞)의 장소가 되었으니, 이것은 그 산과 물의 만남이 진실로 우연이 아닌 것이다. 이 때문에 춘양의 산수가 세상에 이름난 것이 이미 오래다. 그 유풍과 여운이 아직 사라지지 않으니 내가 볼 수 있고, 이제 또 공허한 저 계산(溪山)의 토구-중국 노(魯)나라 고을 이름으로 은거처를 뜻함-는 정히 두보 선생이 말한 '문조(文藻)는 비웠다'는 것이다. 이제 내가 퇴락하여 은거함에 매번 서호의 꿈이 있었으나 심중을 토로할 길이 없었다. 이에 어은(漁隱)에서 도연(道淵)까지 구곡을 정하고 삼가 「무이도가」 운에 차운해 각각 한 장을 짓고, 장난삼아 여러 명사에게 주어서 서로 화운하게 하여 춘양의 산수고사(山水故事)를 삼는다."며 구곡을 설정하고 시를 짓는 사연을 이야기하고

춘양구곡 중 2곡의 중심인 사미정(四未亭). 사미정은 옥천 조덕린이 지어 은거한 정자이다.

있다.

'서호의 꿈(西湖之夢)'은 중국 항저우 서호에서 평생 매화를 아내로, 학을 자식으로 여기는 매처학자(梅妻鶴子)로 은거하며 살다 간 송나라 시인 임포의 이야기에서 유래한 말이다.

경암은 춘양이 비록 외진 고을이나 학덕이 높은 선비를 많이 배출하고 풍속과 예절이 우아해 세상 사람들이 원하는 고을이라 했다. 성리학의 도가 구현되는 공간이고, 그래서 은구와 양진의 장소가 되는 곳이라는 것이다. 실제 춘양구곡은 굽이마다 덕이 높은 선비가 은거하며 학문을 연구하고 후학을 가르친 유적이 남아있다. 아홉 굽이를 설정하고 거슬러 올라가며 구곡시를 지은 것은 이러한 사실을 바탕으로 춘양구곡이 평범한 공간이 아니라 성리학의 도가 전개되는 공간이라는 생

사미정에서 바라본 사미정계곡.

각을 담아낸 것이다.

춘양구곡은 1곡 어은(漁隱), 2곡 사미정(四未亭), 3곡 풍대(風臺), 4곡 연지(硯池), 5곡 창애(滄崖), 6곡 쌍호(雙湖), 7곡 서담(書潭), 8곡 한수정(寒水亭), 9곡 도연서원(道淵書院)이다.

◆ 이한응의 「춘양구곡시」

이한응은 「춘양구곡시」 서시에서 이렇게 읊는다.

태백산 남쪽은 맑고 신령스러우니	太白鎭南淑且靈
발원이 어찌 청결하지 않겠는가	發源寧不潔而淸
춘양의 평평한 들판에 구불구불 흘러서	春陽平野逶迤去
굽이마다 구역을 이루어 대대로 도가(櫂歌) 소리 있네	曲曲成區世有聲

태백산의 맑고 신령한 기운을 받은 물이 흘러와 춘양의 들판을 흘러가며 아홉 굽이를 이룬 곳에 덕 높은 선비들이 깃들어 살면서 학문을 닦았으니, 어찌 주자의 무이도가 소리가 대대로 이어지지 않겠는가라고 노래하고 있다.

춘양구곡의 1곡은 어은이다. 법전면 어은동에서 한참 내려가면 만나게 되는 운곡천에 있다. 사미정 골짜기에서 내려갈 수도 있고, 명호면 쪽에서 거슬러 올라갈 수도 있다. 어은에 이르면 계곡과 산이 어우러져 절경이 펼쳐진다.

일곡이라 적연은 배 띄울 수 있으니   一曲笛淵可以船

옥순봉 아래에서 어천으로 들어가네   玉筍峰下注漁川

유선이 한 번 떠난 뒤로 찾는 사람 없으니   儒仙一去無人訪

그 발자취 부질없이 무학봉 운무에 남아 있네   芳蹢空留舞鶴烟

이한응은 주석에서 "적연 위의 석봉을 옥순봉이라 한다. 눌은 이광정이 정자를 지어 어은정이라 했다. 북쪽 언덕에 무학봉이 있다."고 적었는데, 정자는 사라지고 없다. 옥순봉이나 무학봉이란 봉우리 이름도 지금은 없다고 한다.

2곡 사미정은 어은에서 약 1㎞ 정도 올라가면 나온다. 시내가 넓어지며 물이 천천히 흐르는 곳이다. 이 굽이의 바위 언덕 위에 사미정이 날아갈 듯이 앉아있다. 요즘은 이 주변의 계곡을 사미정계곡이라 부른다.

사미정은 옥천(玉川) 조덕린(1658~1737)이 말년에 지은 정자다. 조덕린은 1691년 문과 급제 후 사관, 교리 등을 거쳐 동부승지에 올랐으나 당쟁에 휘말려 여러 번 유배생활을 해야 했다. 1725년 노론과 소론의 당쟁이 거세져 당쟁의 폐해를 논하는 소를 올리자 영조가 함경도 종성으로 유배를 보냈다. 조덕린은 이때 유배가 풀려 고향으로 돌아가면 사미정을 지을 것을 계획했다.

내가 종성에 유배된 지 3년, 그해가 정미가 되고 그해 6월이 정미가 되고 그 달 22일이 정미가 되고 그날 미시가 또 정미가 되었다. 이런 날을 만나면 무릇 경영하는 자는 꺼리지 않았고, 음양가는 이런 날을 존중해 만나기 어렵다고 여겼다. 내가 이때 『중용』을 읽다가 공자의 말씀에 군자의 도가 네가지인데 나는 그중에 한 가지도 능하지 못하다고 하는데 이르러 책을 덮고 탄식하여 성인은 인륜이 지극한데도 오히려 능하지 못하다 하는데 우리들은 마땅히 어떠한가라고 토로

했다. 마침 이런 일시를 만나 한 움집을 지어서 살려고 생각하며 사미라고 이름
지었다.

조덕린의 『사미정기』 내용이다. 조덕린의 이런 정신은 후세에 이어
지고, 사미정은 영남 사림의 공부 장소가 되었다. 정자 처마에 걸린 현
판 '사미정(四未亭)'과 정자 안 현판 '마암(磨巖)'의 글씨는 번암 채제공
(1720~1799)의 친필이라고 한다.

사미정에서 보는 운곡천 계곡은 울창한 숲과 바위, 맑은 물이 어우
러져 멋진 풍광을 자랑한다.

이곡이라 옥천 시냇가 산봉우리	二曲玉川川上峰
그윽한 초당에서 마주하니 사람 얼굴 같네	幽軒相對若爲容
갈아도 닳지 않는 너럭바위 위로는	磨而不泐盤陀面
천고에 빛나는 밝은 달빛이 비치네	千古光明月色重

이한응은 사미정 굽이에서 정자 주인공인 조덕린을 그린다. 옥천은
조덕린의 호이면서 운곡천의 다른 이름이기도 하다. 유헌(幽軒)은 사
미정을 말한다. 산봉우리는 조덕린 모습 같고, 너럭바위처럼 변하지
않는 조덕린의 덕은 밝은 달빛처럼 영원하다고 노래하고 있다.

◆3곡은 풍대, 홍석범이 학문 닦던 곳

3곡은 풍대(風臺)이다. 사미정에서 도로를 따라 600m 정도 상류로
올라가면, 냇가에 자리한 10m 높이의 큰 바위가 보인다. 풍대이다. 어

풍대(御風臺)라고도 불렀다. 이곳에는 풍대(風臺) 홍석범이 학문을 닦으며 제자를 가르치던 어풍대가 있었지만 이한응 당시에 이미 없었다. 이한응은 3곡시와 관련, "홍 풍대가 창건한 정사는 훼손된 지가 오래다. 바위 봉우리가 매우 기이하다."고 적고 있다.

삼곡이라 풍대는 배를 엎어놓은 듯	三曲風帶架若船
신선이 배를 잘못 몰아 찾게 된 지 몇 년이나 되었나	冷然神御枉何年
시내는 끊임없이 흐르고 바위 언덕 영원한데	波流不盡巖阿古
우는 새 지는 꽃들 모두 가련하여라	啼鳥落花摠可憐

이 시의 가약선(架若船)은 주자의 「무이도가」 중 3곡시에 나오는 가학선(架壑船)을 떠올리게 한다. 가학선은 중국 고대 고월인(古越人)들이 시체를 안장하던 관이다. 이 목관은 깎아지른 높은 절벽에 안치했는데 지금도 무이산에 가면 볼 수 있다.

이 풍대 근처에는 조덕린의 제자 옥계(玉溪) 김명흠(1696~1773)을 기리기 위해 지은 옥계정(玉溪亭)이 있다. 졸천정사(拙川精舍)라고도 한다. 옥계정 뒤에는 옥계고택이 자리하고 있다.

4곡은 풍대에서 800m 정도 거슬러 오르면 나타나는 바위 벼랑 앞의 소(沼)인 연지(硯池)이다.

사곡이라 연지에 바위 비치니	四曲硯池印石巖
갈매기 맹세와 물고기 즐거움 매일 좋구나	鷗盟魚樂日毿毿
마치 청련거사의 시 구절 베껴 쓰듯	若敎依寫青蓮句
도도한 물결 지금도 못을 가득 채우네	滔滔如今自滿潭

갈매기 맹세는 은거를 다짐한 마음을 비유한다. 이한응은 4곡에서 천리(天理)가 유행하는 자연의 이치를 깨달아 노래하고 있다. 청련(靑蓮)은 당나라 시인 이백을 말한다.

◆5곡 창애정은 이중광이 은거하던 곳

5곡은 냇가에 우뚝 솟은 바위 벼랑 창애(蒼崖)이다. 연지에서 1km 정도 떨어져 있다. 창애 벼랑에는 유려한 필치의 한자 '수운동(水雲洞)'이 새겨져 있다.

창애 맞은편 밭 가운데 창애정(蒼崖亭)이 자리하고 있다. 창애 이중광(1709~1778)이 은거하며 당대의 선비들과 풍류를 즐기고 제자를 가르치던 정자로, 춘양목을 사용해 지었다. 정면 4칸, 측면 3칸의 ㄱ자형 기와집이다. 창애정에 걸린 시판「창애정」의 내용이다.

한없는 청산 속에 자유롭게 놀던 몸이	無限靑山自在身
어이해 오릉의 손님이 되었던가	如何來作五陵賓
내일 아침 말 타고 청산에 돌아가면	明朝騎馬靑山去
여전히 청산 속 사람 되려 하네	依舊靑山影菓人

이한응은 창애의 풍광을 보며 5곡시를 읊었다.

오곡이라 창애는 높고 깊어서	五曲滄崖高且深
병풍으로 가리듯 운림을 숨겼네	由來屛隱鎖雲林
창애 그림자 속 사람은 어디 갔는가	依然影裏人何處
홀로 선 청산 변함없는 마음일세	獨立靑山萬古心

춘양구곡 중 5곡 창애정(위쪽)과 8곡 한수정(아래쪽). 춘양구곡은 앞선 선비들의 유적을 중심으로 설정되었다.

6곡은 쌍호(雙湖)이다. 봉화군 춘양면 소로리 방전마을에 있다. 명칭이 두 개의 소가 있다는 뜻이지만, 지금은 그 흔적도 찾을 수 없다. 옛날에는 물길이 두 개가 있었다고 한다. 이곳은 냇가 한쪽에 작은 산이 하나 있는데, 독산(獨山)이다. 독봉(獨峰), 고봉(孤峰) 등으로 불리는 바위산이다. 이한응은 6곡시 설명에서 "봉우리의 옛 이름은 삼척봉이다. 나의 벗 홍치기가 여기를 차지하고 쌍호정을 지었다."고 적고 있다. 삼척봉이라 한 것은 삼척으로 가는 길가에 있다고 하여 붙은 이름이다.

독산 아래에는 임진왜란 때 군량미를 확보하는 데 큰 공을 세운 봉계(鳳溪) 홍세공(1541~1598)을 모신 사당인 당성사(唐城祠) 등 남양 홍씨 유적들이 있다.

육곡이라 두 시내가 바위 물굽이를 감돌고	六曲雙溪繞石灣
외로운 봉우리 가운데 솟아 관문이 되었네	孤峰中突作中關
상전벽해 오랜 세월 원래 그러하니	桑瀛浩劫元如許
이 동천 안의 별천지 절로 한가롭네	壺裏乾坤自在閑

시를 보면 운곡천 물굽이가 독산 양쪽으로 빙 둘렀음을 알 수 있다. 독산이 관문이 되었다는 것은 여러 갈래 길로 이어지는 길목에 있었기 때문이다.

7곡은 서담(書潭)이다. 이한응은 7곡시 주석에 "이 굽이는 옛날 서당의 터가 되니 이로 인해 못의 이름을 삼았다."고 설명하고 있다. 지금은 서당 터도 확인할 수 없다.

칠곡이라 서담 물은 여울로 흘러들고	七曲書潭注入灘
붉은 절벽 푸른 빛 머금어 달리 보이네	丹崖涵碧更殊看
선을 생각하던 당시의 즐거움 안타깝구나	卻憐觀善當時樂
성색이 부질없이 맑고 학의 꿈 차갑네	聲色空清鶴夢寒

◆권벌의 얼이 서린 8곡 한수정

8곡 한수정은 춘양면 의양리에 있다. 한수정(寒水亭)은 1608년에 세워진 정자이다. 원래 이 자리에는 충재 권벌(1478~1548)이 세운 거연헌(居然軒)이라는 정자가 있던 자리로 그 정자가 소실된 후 권벌의 손자인 권래가 다시 세웠다. 연못과 대, 고목들이 잘 어우러진 정자이다. 권벌은 강직한 선비로 이름을 떨치며 유배지에서 생을 마친 문신으로, 사후에 영의정에 추증되고 불천위에 오른 영남의 대표적 선비이다.

이한응은 "정자는 한수정이라 부르고 헌은 추월헌이라 부르고, 대는 초연대라고 하였다. 또 연못이 있다."고 설명했다.

이한응은 이곳에서 선현 권벌을 떠올리며 이렇게 노래한다.

팔곡이라 한수정은 넓은 들판이 열리는 곳	八曲寒亭弟野開
선계의 초연대가 문득 맑은 물굽이 굽어보네	仙臺超忽俯澄洄
사람들아 선현의 자취 멀어졌다 한탄 말게	遊人莫歎遺芳遠
가을달 밤마다 연못 속으로 찾아온다네	秋月潭心夜夜來

한수정에서 운곡천을 거슬러 900m 정도 오르면 9곡 도연서원(道淵書院)에 이른다. 도연서원은 한강 정구(1543~1620)와 미수 허목

(1595~1682), 번암 채제공(1720~1799)을 모시던 곳이었는데, 1858년 휘철되었다.

지금 그 자리에는 두 개의 삼층석탑이 서 있다. 봉화서동리삼층석탑(보물)이다. 이곳은 신라 고찰이던 남화사(覽華寺) 터로 알려져 있다. 절터에 서원이 들어섰고, 지금은 춘양중학교가 자리하고 있다.

도연은 도가 비롯되는 연못이라는 의미다.

구곡이라 도연서원 호연한 기상 있구나	九曲道淵更浩然
봄날 누대에서 아득히 긴 시내를 굽어보네	春樓迢遞見長川
서원은 여전히 궁궐의 담장처럼 남아 있고	依舊賴有宮墻在
십 리 풍연은 거울 속 하늘 같네	十里風烟鏡裏天

춘루(春樓)는 서원에 있던 청풍루이고 장천은 운곡천을 말한다. 청풍루에 올라 서원 앞을 굽이돌아 흘러가는 운곡천을 바라보며 도가 멀리 영원히 흘러가기를 바랐던 것이다.

경주 옥산구곡

옥산구곡(玉山九曲)은 경주시 안강읍 옥산리 옥산천(玉山川)에 설정된 구곡으로, 회재(晦齋) 이언적(1491~1553)의 유적이 그 중심이다. 옥산서원과 독락당 등 이언적의 자취가 남아있는 옥산천에 설정된 구곡이지만, 이언적이 설정하고 경영한 것은 아니다. 조선 후기 하계(霞溪) 이가순(1768~1844)이 설정한 구곡이다.

이가순은 옥산서원을 방문한 뒤 이언적의 은거지에 구곡이 존재하지 않는 것을 안타까워하며 옥산구곡을 설정하고 옥산구곡시를 지었다. 이가순은 이언적 사후 250여 년 뒤에 이황의 학문에 큰 영향을 끼친 이언적의 은거지를 방문해 옥산천 일대를 유람하고 옥산구곡을 설정한 것으로 추정된다. 그가 설정한 옥산구곡은 이언적의 자취가 남아있는 굽이였다.

◆회재 이언적 은거지에 설정

경주 양동마을에서 태어난 이언적은 동방오현의 한 사람으로, 조선 성리학의 토대를 마련한 유학자이다. 주자를 흠모해 자신의 호를 주자의 호인 회암(晦庵)에서 따와 회재(晦齋)로 지을 정도였지만, 학문적으로는 독창적인 성리학의 세계를 주창했다.

경주 안강의 독락당(獨樂堂) 일대는 그가 김안로와 대립하며 관직에서 밀려나 있을 때 은거한 곳이다. 이언적은 42세 때 자옥산 아래 독락당을 지어 살면서, 주변 바위들을 선정해 이름을 붙이기도 했다.

> 선생은 젊어서 그곳의 바위 골짜기가 괴이하고 시내 못이 청결한 것을 사랑했는데, 이때에 비로소 시냇가에 집을 지으니 수십간이다. 가난하여 공사를 제대로 할 수 없어 오랜 시간이 지나서 완공하고 독락당이라 이름하였다. 다섯 대를 두고 탁영대, 징심대, 관어대, 영귀대, 세심대라 하였다. 또 관어대 위에 작은 정자를 세우고 제1칸은 정관재라 하고, 제2칸은 계정이라 하였다. 정자 전후에 소나무, 대나무, 꽃과 풀을 심고 날마다 그 사이에서 읊조리고 노닐거나 낚시하며 세상의 어지러움을 사절하였다.
>
> 『회재 선생 연보』

이가순은 이언적이 명명한 지점을 중심으로 구곡을 설정, 성리학적 이상세계로 만들려고 했다. 옥산구곡은 제1곡 송단(松壇), 제2곡 용추(龍湫), 제3곡 세심대(洗心臺), 제4곡 공간(孔澗), 제5곡 관어대(觀魚臺), 제6곡 폭포암(瀑布巖), 제7곡 징심대(澄心臺), 제8곡 탁영대(濯纓臺), 제9곡 사암(獅巖)이다.

이가순은 서시에서 이언적의 은거지인 옥산구곡을 주자의 무이구곡에 비유한다.

신령함을 기르기 좋은 곳 원기 넘치는 경주 땅	元氣東都好毓靈
자옥산은 첩첩 자계는 맑다네	紫山增重紫溪清
외로운 배로 진원을 거슬러 오르려니	孤舟欲泝真源去
뱃노래 소리 새로이 굽이굽이 들리네	欸乃新聆曲曲聲

자산(紫山)은 자옥산, 자계(紫溪)는 옥산천을 말한다. 동도(東都)인 경주는 신령한 기운이 넘쳐 자옥산이 깊고 옥산천이 맑다고 읊은 뒤, 외로운 배로 옥산천을 거슬러 올라 도의 근원에 이르고자 하니 뱃노래 소리가 굽이마다 들린다고 노래하고 있다. 애내성, 즉 뱃노래는 바로 주자가 무이구곡을 거슬러 오르며 불렀던 노래 「무이도가」를 말한다.

◆ 설정자 이가순의 옥산구곡시

일곡이라 낚싯배 매어두고 송단에서 읊조리다가	一曲吟壇繫釣船
긴 옥산천에 비친 화산을 돌아본다	回看華岳映長川
낯익은 물고기와 새를 신경 쓰는 이 없고	慣顔魚鳥無人管
푸른 소나무 저녁 안개 속에 서 있을 뿐	只有蒼松立暮煙

1곡 송단은 옥산서원으로 들어가는 옛길 초입에 있는, 시냇물이 깊어지는 곳이라고 한다. 화산은 화개산이고, 장천은 옥산천을 말한다. 낯익은 물고기와 새를 신경 쓰는 이가 없다는 것은 이언적이 별세하고 없다는 것을 말한다. 그는 살아있지 않고 그 기상을 대신하는 푸른 소나무 몇 그루만 남아 있을 뿐이라며 아쉬움을 토로하고 있다.

이곡이라 영추가 여러 봉우리를 곁에 두고　　　二曲靈湫傍亂峰

긴 세월 우레 비 내려 폭포 되네　　　長時雷雨任舂容

모든 사람들 간절히 운예를 바라는데　　　蒼生擧切雲霓望

누가 상암을 구중과 막히게 했는가　　　誰遣商巖隔九重

2곡 용추는 옥산서원 앞마을 입구에 있는 작은 폭포이다. 폭포가 떨어지는 지점에 제법 깊은 못이 형성돼 있다.

운예(雲霓)는 비가 내릴 조짐을 말하는데, 가뭄에 단비처럼 백성들을 잘 다스려줄 위정자를 의미한다. 여기서는 이언적을 말한다. 어진 선비를 말하는 상암(商巖)도 이언적을 의미하고, 구중은 조정을 뜻한다. 누가 이언적이 조정에 나아가 경륜을 펼치지 못하게 막았는가 하는 말이다.

상암은 부열(傅說)의 고사에서 유래한 말이다. 부열이 죄를 지어 노역에 끌려가서 길을 닦고 있었는데, 상왕(商王)이 그를 찾아내 재상으로 등용해 나라를 잘 다스렸다는 고사이다. 재야의 어진 선비를 뜻하는 말이 되었다.

삼곡이라 세심대는 달을 실은 배 하나　　　三曲心臺月一船

진실로 정일(精一) 전한 지가 천 년이네　　　眞傳精一自千年

인을 체득해 선천의 학문 알게 되니　　　體仁會得先天學

무변루의 바람과 달 더욱 어여쁘네　　　風月無邊更可憐

3곡 세심대는 이언적을 기리는 옥산서원 옆 시내의 너럭바위다. 이가순은 세심대에서 1천 년 전의 학문, 즉 공자의 도를 알게 되었다. 그래서 옥산서원 무변루의 바람과 달이 새롭게 보인다고 이야기하고 있다. 정일(精一)은 도심(道心)을 말한다.

옥산구곡의 3곡인 세심대(洗心臺). '마음을 씻는 대'라는 의미의 세심대는 옥산서원 옆에 있는 계곡의 너럭바위이다. 이곳에는 이황의 글씨를 새긴 '세심대'와 '용추(龍湫)' 각자를 확인할 수 있다.

세심대 굽이에는 작은 소인 용추(龍湫) 옆 바위에 '용추(龍湫)'라는 글씨가 음각되어 있다. 이 용추는 2곡 용추와 같은 이름인데, 2곡 용추는 하용추, 3곡의 용추는 상용추라고 한다. 글씨는 이황의 글씨라고 한다. 그리고 너럭바위 가운데 있는 작은 바위에는 '세심대(洗心臺)'라는 글씨가 새겨져 있다. 이 글씨 역시 이황 글씨다.

옥산서원은 1573년에 이언적을 기려 창건되었고, 1574년에 사액 받았다. 서원 강당 처마에 걸린 '옥산서원' 편액 글씨는 추사 김정희의 것이고, '무변루(無邊樓)', '구인당(求仁堂)', '암수재(闇修齋)' 등은 한석봉 글씨다.

세심대 옆에 자리한 옥산서원.

사곡이라 원천이고 태암이니	四曲原泉又泰巖
학전은 어느 때 봉황의 모습이었나	鶴巔何日鳳儀鈍
적은 물이 바다에 이르는 천 리 길에	涓到海心千里上
시냇물은 밤낮으로 빈 못으로 전해 들어가네	晝夜川流入空潭

4곡 공간(孔澗)을 노래하고 있다. 공간은 세심대에서 조금 올라가면 나오는데, 구멍이 난 바위가 많은 시내라는 의미다. 이 시를 이해하려면 맹자의 글이 필요하다.

근원이 좋은 샘물은 용솟음쳐 흘러 밤낮으로 그치지 않아, 파인 웅덩이를 가득 채우고 난 뒤에 넘쳐흘러 나아가 바다에 이른다. 학문의 길에 근본이 있음은 이와 같으므로 이것을 취한 것이다.

(原泉混混 不舍晝夜 盈科而後進 放乎四海 有本者如是 是之取爾)

물을 보는 데는 방법이 있으니, 반드시 그 여울목을 보아야 한다. 해와 달은 밝음이 있으니 빛을 용납하는 곳은 반드시 비추는 것이다. 흐르는 물은 웅덩이가 차지 않으면 흘러가지 않는다. 군자가 도를 추구함에도 문장을 이루지 않으면 통달하지 못한다.

(觀水有術 必觀其瀾 日月有明 容光必照焉 流水之爲物也 不盈科不行 君子之 志於道也 不成章不達)

이가순은 이곳에서 밤낮으로 그치지 않고 웅덩이를 채우고 나서야 넘쳐흘러 바다로 나아가는, 근원이 좋은 물처럼 학문을 성취하고 도를 이루려는 뜻을 다지고 있다.

5곡 관어대에 자리한 계정과 주변 풍광. 계정은 이언적이 42세 때 자옥산 아래 지어 거처로 삼았
던 독락당에 딸린 정자이다.

◆5곡 관어대에 자리한 계정(溪亭)

오곡이라 시냇가 정자는 경계가 더욱 깊어	五曲溪亭境更深
꽃에 물 주고 대나무 기르니 원림이 풍성하네	澆花蒔竹葆園林
종일토록 관어대에서 물고기의 즐거움 깨달으니	臨臺永日知魚樂
활발한 천기는 성인의 마음과 계합하네	活潑天機契聖心

5곡 관어대는 계정이 자리한 암반이다. 독락당에 딸린 정자가 계정이다. 물고기를 바라보는 누대라는 의미의 관어대 위에 계정이 서 있다. 관어대 앞으로는 맑은 물이 천천히 흐르면서 넓은 못을 이룬다. 숲과 바위, 맑은 물이 어울려 선계를 떠올리게 한다. 이언적은 이곳을 '관어대'라 이름 짓고 계정을 지어 물고기를 바라보며 도를 닦았을 것이다.

이언적이 지은 시 「독락(獨樂)」이다.

무리를 떠나 누구와 함께 읊조릴까	離群誰與共吟壇
바위 위의 새와 시내의 물고기는 내 얼굴을 익히 아네	巖鳥溪魚慣我顔
그 가운데 빼어난 곳 알고자 하니	欲識箇中奇絶處
자규새 소리 속에 달이 산을 엿보네	子規聲裏月窺山

이언적은 정자를 읊은 시 「계정(溪亭)」에서는 이렇게 노래한다.

숲 곁에서 우는 그윽한 새소리 기쁘게 들으며	喜聞幽鳥傍林啼
새로 띠집을 작은 시내 옆에 지어	新構茅簷壓小溪
홀로 술 마시며 다만 밝은 달 맞아 짝하니	獨酌只邀明月伴
한 칸에 오로지 흰 구름과 함께 깃드네	一間聊共白雲棲

경주시 안강읍 자옥산 아래 옥산천 옆에 자리한 독락당 전경

이가순은 관어대에서 이곳에서 노닐던 이언적의 경지를 그려보고
있다.

육곡이라 떨어지는 한 굽이 맑은 물결이여	六曲懸流玉一灣
맑은 하늘 우레와 날리는 우박 솔숲을 뒤덮네	晴雷飛雹掩松關
동천은 속세와 멀리 떨어져 있어	洞天逈與人煙隔
태극서 이뤄지고 일월이 한가하네	太極書成日月閑

6곡 폭포암을 노래하고 있는데, 지금은 이런 모습을 그려보기 어려
운 환경이다. 이가순은 인간세상을 떠난 이곳에서 한가한 자연의 이치
가 드러남을 읊고 있다.

◆7곡은 마음을 깨끗이 하는 징심대

칠곡이라 징심대는 푸른 여울에 비치고	七曲澄臺映碧灘
신령스러운 근원 한 점 거울 속에 보이네	靈源一點鏡中看
하늘과 구름은 밤낮으로 참다운 모습이니	天雲日夜眞光景
작은 못에 차가운 활수가 더해지네	添得方塘活水寒

7곡 징심대에서는 맑고 차가운 물이 쉼 없이 흘러들어 시내가 맑은 것과 같이 자신도 쉼 없는 활수, 즉 도심을 지닐 수 있도록 다짐하고 있다.

이언적도 이곳에서 맑은 물을 내려다보며 자신의 마음을 깨끗이 할 수 있었기에 '징심대'라 이름을 지었을 것이다.

팔곡이라 차가운 못은 바위 안고 흐르니	八曲寒潭抱石開
티끌 묻은 갓끈 다 씻고 물길 따라 도네	塵纓濯盡任沿洄
내게 베풀어진 광명 다함이 없는데	光明惠我垂無極
묘처를 누가 능히 체험하리	妙處誰能體驗來

8곡 탁영대는 시내 양쪽에 바위가 마주하고 있는 굽이다. 시내가 바위 때문에 좁아지고 두 바위 사이로 시냇물이 완만하게 흘러간다. 한쪽 바위 위에는 사람들이 머물 수 있는 넓은 공간이 있다. 이가순은 탁영대에서 하늘이 베풀어준 광명, 밝은 덕을 밝혀 묘처(妙處)에 이르고자 하였다.

탁영(濯纓)은 중국 춘추전국시대 시인이자 정치가인 굴원의 「어부사(漁父辭)」 중 "창랑의 물이 맑으면 내 갓 끈을 씻을 것이고, 창랑의 물이 흐리면 내 발을 씻을 것이다.(滄浪之水淸兮 可以濯吾纓, 滄浪之水濁兮 可以濯吾足)"라는 구절에서 유래한다.

「옥산십사영(玉山十四詠)」을 읊은 소재 노수신은 이 탁영대에서 다음과 같은 시를 남겼다.

이 물은 원래 절로 맑고	此水元自淸
이 마음 원래 절로 밝네	此心元自明
맑음과 밝음 날로 서로 비추니	淸明日相映
외물은 티끌 묻은 갓끈이네	外物是塵纓
구곡이라 산 높고 땅은 경계가 분명하니	九曲山高地截然
복사꽃 눈에 가득하고 해오라기 냇가에 졸고 있네	桃花滿眼鷺眠川
신령한 사자 한 번 울어 뭇 생명 놀라게 하여	靈獅一吼驚群蟄
만고의 혼돈 세계를 거듭 연다네	重闢渾淪萬古天

9곡 사암은 옥산구곡의 마지막 굽이인 극처이다. 복사꽃이 가득 피어있고 해오라기는 시내에서 졸고 있다며 신선 세계인 것같이 표현하고 있다. 사자의 포효가 혼돈의 세계를 새롭게 열듯, 성리학의 도가 널리 퍼져 태평한 세상이 펼쳐지기를 희망했다.

사암(獅巖)은 옥산 저수지 왼쪽 수구(水口) 부분에 있는 바위이다. 지금은 저수지 축조 과정에서 많이 파괴된 상태이다. 사암 맞은편에 호암(虎巖)이 있다. 옛날 호암 부근에 호랑이가 자주 출몰해 사람들을 해쳤는데, 이언적 선생이 맞은편 바위를 사자바위라고 명명한 뒤 호랑이가 다시는 나타나지 않았다는 전설이 전하고 있다.

영천 횡계구곡

　횡계구곡은 경북 영천시 화북면 횡계리의 횡계(橫溪)에 설정된 구곡이다. 조선시대 학자인 훈수 정만양(1664~1730)·지수 정규양(1667~1732) 형제가 학문을 닦고 후학을 가르치던 곳에 만들어 경영했다.

　두 형제의 호인 훈수(塤叟)와 지수(篪叟)는 훈과 지라는 악기 이름에서 따왔는데, '훈지'는 형제간의 지극한 우애를 비유하는 말이다. 두 사람은 영남 사림으로 퇴계 학문을 존숭했지만, 여러 다른 학자들과 교유하며 지냈다. 그 대표적 인물이 윤증(1629~17140), 정제두(1649~1736) 등이다. 당시 충청도에 은거하던 소론의 영수 윤증과 서신을 교환하며 학문의 세계를 교류했으며, 자신들이 쓴 책을 보내서 질정을 부탁하기도 했다. 정제두와는 같은 정씨 가문으로 당파를 떠나 서로 교유했다. 정제두는 두 형제를 언제나 종인(宗人)이라 불렀으며, 정만양의 죽음을 기리는 만사를 짓기도 했다.

　이처럼 두 사람은 폭 넓은 교유를 통해 학문에 정

진, 여러 분야에 두루 정통하게 되니 당시 사람들은 중국 송나라의 정호·정이 형제와 같다고 이야기했다. 두 사람은 벼슬을 하지는 않고 향촌사회에 은거하며 학문에 몰두하는 길을 택했다. 당시는 노론이 집권하고 있어 남인이 벼슬을 하는 것이 어렵기도 했다.

세상 풍파를 알지 못하고	世路風波也未知
깊숙한 골짜기 한 곳에 우연히 깃드네	一區林壑偶棲遲
시냇가에 바위 있어 낚싯대 드리우고	溪頭有石堪垂釣
구름 밖 산이 많아 시를 읊조리네	雲外多山謾詠詩
때로 절의 누각에 이르니 승려 말 부드럽고	時到寺樓僧語軟
매번 찻주전자 기울이니 병든 몸에 마땅하네	每傾茶碗病軀宜
날씨 개 창가에서 많은 책 다시 대하니	晴窓更對書千卷
태고의 흉금은 복희에 있어라	太古胸襟在伏羲

『훈지양선생문집(塤篪兩先生文集)』에 있는 시 「술회(述懷)」이다. 두 사람의 마음을 잘 드러내고 있다.

◆정만양·정규양 형제가 만든 구곡

정만양·정규양 형제가 언제 횡계구곡을 설정했는지는 확실하지 않다. 횡계구곡에 옥간정(玉磵亭)과 태고와(太古窩)가 들어가는 것으로 보아 이 건물들이 지어진 후에 설정되었을 것이다. 태고와는 정규양 나이 35세(1701) 때 지었고, 옥간정은 50세(1716) 때 건립했다. 그렇다면 횡계구곡은 정규양의 나이 50세 이후에 설정된 것으로 보인다. 그는 35세에 횡계의 경치를 사랑해 대전리의 집을 옮겨 횡계에 거처를 정했다. 먼저 5곡 와룡암 위에 집을 짓고 육유재(六有齋)라는 편액을 달았다. 정규양 나이 40세 때 정만양이 가족을 이끌고 횡계로 찾아와 동생과 작은 집에서 함께 거처했다. 공부 중에 간혹 거문고를 타기도 하고 낚시를 하며 서로 즐거운 삶을 살았다.

구곡이 있는 횡계는 보현산에서 비롯된 시내로 물이 맑고 수량이 풍부했으나, 상류에 저수지가 만들어지면서 지금은 물이 많이 흐르지 않는다. 횡계는 대부분 암반으로 이루어진 시내로, 청송에서 흘러오는 옥계(玉溪)와 만나 자을천(玆乙川)이 된다.

산천을 관장하며 성령을 즐기는데	管嶺溪山樂性靈
차갑게 흐르는 아홉 굽이 그 근원은 맑네	寒流九曲一源淸
한가로이 찾아오니 미친 흥 주체할 수 없어	閒來不奈顚狂興
천 년 전 뱃노래 망령되이 이어보네	妄續千年櫂下聲

문집에 있는 「횡계구곡시」의 서시다. 두 형제는 횡계의 산과 내를 거닐며 성정을 닦았다. 횡계의 차갑고 맑은 물에 세속의 티끌을 씻고 한가롭게 지내면서 그 즐거움에 빠져 1천 년 전 주자가 무이구곡에서 읊었던 무이도가를 외람되게 한번 흉내 내어 본다고 이야기하고 있다. 구곡시 제목도 '주자의 무이도가의 운을 감히 사용해 횡계구곡시를 짓는다'는 의미의 「횡계구곡감용회암선생무이도가십수운(橫溪九曲敢用晦菴先生武夷櫂歌十首韻)」으로 정했다.

횡계구곡 중 3곡에 있는 태고와(太古窩). 정규양이 1701년에 지은 누각으로 횡계 바위 언덕 위에
자리하고 있다. 두 형제는 태고와 앞 홍류담에서 뱃놀이를 하기도 했다.

일곡이라 배처럼 생긴 너럭바위 앉은 곳에	一曲盤巖坐似船
두 시내가 합해 한 내를 이루네	雙溪洄合始成川
도원은 진실로 산 높은 곳에 있거늘	桃源政在山高處
다만 숲은 깊고 푸른 안개에 덮여 있네	只是林深幕翠烟

1곡 쌍계(雙溪)를 읊고 있다. 쌍계는 옥계와 횡계가 만나는 지점이다. 이 지점에 널따란 바위가 있는데 배 모양을 하고 있는 반암이다.

주자가 배를 타고 무이구곡을 유람한 사실로 인해, 조선의 선비들도 실제 배를 타고 유람할 수 없는 구곡에서도 구곡시를 읊으면서 배를 타고 올라 유람을 시작하는 것으로 표현하고 있다. 이 「횡계구곡시」도 1곡에서 배 모양의 바위를 거론하며 구곡유람을 시작하고 있다.

횡계와 옥계가 만나 자을천을 이루는데, 두 형제는 옥계를 신계(新溪)라고 불렀다.

> 시내는 두 원류가 있으니 첫째는 횡계라 하고, 둘째는 신계라 하니 공암(孔巖)
> 아래에서 합류한다.

형제는 이 굽이에서 무릉도원이 횡계가 시작되는 산의 깊은 곳에 있다는 것을 생각하고 구곡 유람을 시작한다. 그러나 구곡의 극처는 숲이 깊고 안개에 덮여 있어 그곳에 이르기는 쉬운 일이 아님을 암시하고 있다.

이곡이라 물결은 잔잔하고 봉우리 늘어서 있어	二曲潺湲列數峰
공암 바윗빛은 유난히 빼어난 모습이네	孔巖巖色別修容
산허리에 길이 걸려 그윽하고 빼어난데	山腰路卦添幽絶
인간세상 돌아보니 몇 겹이나 막혔던가	回首人間隔幾重

4곡에 있는 정자 옥간정. 두 형제가 1716년에 세운 정자로, 횡계구곡 중 가장 멋진 풍광을 자랑한다.

2곡은 공암(孔巖)이다. 쌍계에서 600m 정도 횡계를 따라 올라간 지점에 있다. 시냇가 바위가 구멍이 많이 나 있어 공암이라 한다. 그런데 이 바위가 아니라 횡계 시내 바닥에 있던 바위가 공암이라는 이 마을 출신 인사의 지적이 있다.

전설에 의하면 공암에 살고 있는 이무기가 이 바위 구멍을 통해 산 너머 계곡으로 흐르는 옥계를 오갔다고 한다. 공암 앞의 산이 이남산(尼南山)이다.

그런데 두 사람의 문집을 보면 2곡의 공암은 단순한 구멍 바위가 아니라 공자를 상징하는 바위를 말하고 있음을 알 수 있다. 두 사람이 지은 시 「아니산(阿尼山)」이다.

'옥간정(玉磵亭)' 편액.

이산은 만고에 우뚝한데	尼山萬古岦
그 아래 공암이 있네	其下孔巖存
후학은 다만 우러러보기만 하고	後學徒瞻仰
문하에 미치지 못함을 탄식하네	還嗟未及門

횡계구곡에서 공암은 단순한 바위가 아니라 학문에 정진하는 후학들이 바라보며 자신을 되돌아보는 계기로 삼도록 한 공자 바위로 설정한 것이다.

현재의 공암은 도로를 내면서 많이 파손되어 아랫부분만 남게 되었다. 본래 모습이 많이 훼손되었는데, 옛날에는 횡계 가에 공암이 높이 솟아 있고 뒤로 이남산이 있어 아름다운 경관을 이루었다고 한다.

◆3곡 태고와는 정규양이 1701년에 건립한 누각

삼곡이라 깊은 제방 배를 띄울 만하고	三曲深堤可汎船
움집 중 태고와는 몇 년이나 되었는가	窩中太古是何年
진수재의 일은 모름지기 서로 힘쓰는 것이니	進修一事須相勉
많은 영재들 나는 가장 아낀다네	多少英才我最憐

3곡 태고와이다. 제방은 홍류담을 말한다. 홍류담 가에 세워진 정사가 태고와이다. 지수가 35세 되던 해인 1701년에 건립한 누각이다. 본래 태고와라 했는데, 1730년 제자들이 개축한 뒤 모고헌(慕古軒)이라 불렀다. 정면 2칸 측면 2칸의 팔작 지붕 건물로 사방에 퇴칸을 두른, 독특한 정사각형 평면구조이다. 중앙에 작은 방이 있다. 이 누각 뒤에는 1927년에 후손들이 건립한 횡계서당이 있다.

두 사람은 이 시의 주석에 "제3곡은 태고와(太古窩)와 진수재(進修齋)가 있다."고 적고 있다.

태고와 앞의 홍류담은 물의 깊이가 제법 깊어 당시에는 배를 띄울 만했다. 그래서 실제 두 사람은 이곳에서 배를 띄우기도 했다.

8월에 작은 배가 비로소 이루어지니 대체로 서당 제군의 힘이다. 16일 밤에 산의 달이 매우 밝아 시험 삼아 제군과 더불어 배를 띄우고 홍류담에서 노닐며 뱃머리에 기대어 거문고를 타니 생각이 초연하여 율시를 읊어서 제군에게 사례했다.

아래는 뱃놀이를 읊은 시다.

벽 속에 묻힌 머리 양쪽 귀밑머리 실 같은데	壁裏埋頭兩鬢絲
오늘 밤에 어린아이 좇아가네	今宵追逐少年兒
강에 밝은 달 비치니 소선(동파) 소식의 흥이고	一江明月蘇仙興
두 언덕의 가을 소리 주자의 시로다	兩岸秋聲晦老詩
낚싯대 드리우나 어찌 어부의 즐거움 가지리오	垂釣豈爲漁父樂
거문고 타며 속인이 알게 하지 마라	彈琴莫許俗人知
제군의 뜻 또한 감흥이 많으니	諸君意致還多感
배에 가득한 풍류 나의 어리석음 길게 하네	滿艇風流長我癡

사곡이라 광풍대 제월대 바위이니	四曲光風霽月巖
바위 가에 꽃과 나무 그림자 드리웠네	巖邊花木影鈍鈍
군자가 문장을 이루는 일 알고자 한다면	欲知君子成章事
이 못에 물이 채워지는 것을 보아라	看取盈科此一潭

4곡은 옥간정이다. 옥간정은 두 형제가 학문 연구와 후학 양성을 위해 1716년에 세운 정자다. 계곡 가 암반 위에 지은 정자로 주위에 은행나무, 느티나무 등 고목들이 무성하다. 건너편에는 바위들이 병풍처럼 두르고 있다. 옥간정은 시내와 바위, 정자, 나무들이 어우러져 지금도 아름다운 풍광을 선사한다.

두 형제는 나무와 꽃들이 드리운 이곳에서 학문에 정진하면서 군자가 문장을, 학문을 이루는 일을 알고자 한다면 못에 물이 채워지는 것을 보아야 한다고 했다. 흘러오는 물이 구덩이를 만나면 그 구덩이를 다 채워야 다시 흘러갈 수 있는 것처럼, 학문도 경지에 오르려면 꾸준히 수양해야 한다는 점을 말하고 있다.

옥간정 건너편 바위에 제월대(霽月臺), 광풍대(光風臺), 지어대(知魚臺), 격진병(隔塵屛) 등의 글자가 새겨져 있다.

문집에 실린 「계장사십영(溪莊四十詠)」을 보면 이 바위들을 읊은 시들이 나오는데, 두 형제의 뜻을 헤아릴 수 있다. 이 시들을 차례대로 소개한다.

비 온 뒤 하늘빛 맑고	雨後天光淨
제월대 주변 달빛 더욱 새롭네	臺邊月色新
염계(주돈이)가 가졌던 천년의 뜻을	濂溪千載意
어느 누가 다시 헤아릴까	料得更誰人
〈제월대〉	

광풍대 버드나무 냇가에 푸르고	臺柳吟邊綠
광풍은 얼굴 위에 불어오네	光風面上吹
내가 깨달아 알았던 것은	自家理會處
옛사람이 알았던 것이네	要向古人知
〈광풍대〉	

물 위에서 물고기 바라보는 즐거움	濠上觀魚樂
천년 세월에 아는 이 누구인가	千秋知者誰
둘 다 잊는 일 또한 할 수 없으니	雨忘亦不可
물고기 즐거움 내 능히 알겠네	魚樂我能知
〈지어대〉	

시내 따라 이리저리 굽어 흐르고   沿溪周屈曲
우뚝 솟은 비췻빛 병풍바위 열리네   蠶蠶翠屏開
세상에 풍진이 넘쳐나지만   城市風塵漲
고개 돌리니 몇 굽이나 막혔는가   回頭隔幾廻
〈격진병〉

◆구곡 중 중심 굽이인 5곡 와룡암

오곡이라 구불구불 경계는 더욱 깊고   五曲逶迤境轉深
와룡암 위는 푸른 숲이 덮여 있네   臥龍巖上覆靑林
구름 일으켜 비 내림은 너의 일 아니니 興雲作雨非渠事
완연히 자재한 마음에 맡겨 놓을지다 任是頑然自在心

5곡은 와룡암(臥龍巖)이다. 옥간정에서 조금만 올라가면 나온다. 계곡에 자리한 널따란 바위다. 이 굽이 근처에 정규양이 1701년에 새 거처를 마련한 뒤 '육유(六有)'라는 당호를 지어 편액을 달았다.

신사년에 비로소 복제를 마치고 선생은 횡계 수석을 사랑해 드디어 집을 옮겨 거처를 정했다. 먼저 와룡암 위에 작은 집을 짓고 육유(六有)라는 편액을 달았다. 대개 시냇물의 이름이 횡거(橫渠)와 가깝기 때문에 장 선생(장횡거)이 남긴 말을 취해 경계하려는 것이었다.

집의 이름을 '육유재'라 한 것은 횡계가 송나라 유학자 장횡거와 닮은 점이 있어서 그가 남긴 말에서 가져왔다고 했는데, 육유는 그의 저서 『정몽(正蒙)』 중 「유덕(有德)」 편에 나온다.

말에는 교훈이 있어야 하고, 동작에는 법도가 있어야 하고, 낮에는 하는 일이 있어야 하고, 밤에는 터득한 바가 있어야 하고, 숨 쉬는 사이에도 양성하는 공부가 있어야 하고, 눈 깜짝하는 사이에도 존심(存心)하는 공부가 있어야 한다.

구곡경영에 있어 5곡은 대체로 그 주인공에게 의미 있는 굽이이다. 무이구곡의 5곡에 주자의 무이정사가 있었다. 이러한 전통은 조선 선비들에게도 계승되어 5곡은 중심 굽이로 인식되어 가장 의미 있는 처소에 설정되었다. 횡계구곡의 5곡 와룡암도 이러한 전통을 그대로 이어받고 있다. 정규양이 이곳에 자리 잡고 나자, 정만양이 왕래하거나 유숙하면서 학문을 토론하고, 원근에서 배우는 사람들이 날마다 늘어나면서 문밖에는 언제나 신발이 가득했다고 한다.

육곡이라 바위 사이 푸른 물굽이 흐르고	六曲巖間漱碧灣
농부는 나무 깎아 산문에 걸쳐 놓았네	農人刳木駕山關
무더운 날씨에 삽을 메자 물결이 비가 되니	炎天荷鍤波成雨
시냇물이 등한하다 말하지 마라	休說溪流只等閒

6곡은 벽만(碧灣)이다. 농부가 삽을 메고 나가 푸른 물굽이에서 물길을 내는데 논밭으로 흘러드는 물이 비가 오는 듯하다며, 시냇물이 무관심하다고 말하지 말라고 읊고 있다. 시내에 흐르는 물이 인간에게 주는 혜택에 대한 고마움을 이야기하고 있다.

◆신선이 사는 곳에 비유한 채약동(採藥洞)

칠곡이라 새 제방 칠 리의 여울이고	七曲新堤七里灘
곳곳에 기이한 바위는 올라 볼 만하네	奇巖處處可登看
우거진 숲은 분에 넘치게 바다같이 깊어서	穹林分外深如海
오월에도 가슴이 눈을 담은 것처럼 시원하다네	五月胸襟雪碗寒

7곡의 신제(新堤)이다. 새로 쌓은 제방이라는 말로 보아 당시에 새 제방을 축조했던 모양이다. 이 신제의 위치에 대해 현재의 횡계저수지가 있는 곳에 제방이 있었다고 한다. 이와 달리 횡계저수지 둑에서 하류쪽으로 300m 정도 내려온 지점이 정확하다는 견해도 있다.

두 형제가 '칠리탄'을 읊은 시가 있다.

천년 전의 엄 처사는	千年嚴處士
사바에서 맑은 바람 쐬었네	六合灑清風
어찌하여 내 집 앞의 시냇물	胡我前溪水
꽃다운 이름 우연히도 같은가	芳名偶與同

이 시에 나오는 엄 처사는 중국 후한 시대 사람 엄광(嚴光)이다. 후한 광무제와 엄광은 어릴 적 친구인데, 광무제가 황제가 된 후 엄광에게 간의대부 벼슬을 내려 불렀으나 이를 사양하고 부춘산(富春山)에 들어가 밭을 일구고 낚시를 하며 은거했다. 칠리탄은 엄광이 부춘산에 은거하며 낚시하던 시내 이름이다. 부춘산에 은거하며 칠리탄에서 낚시했던 엄광처럼 두 형제도 같은 이름의 칠리탄이 있는 횡계에 은거하는 심정임을 드러내고 있다.

팔곡이라 안개가 낮에도 걷히지 않고	八曲煙嵐晝未開
가파른 언덕 높은 곳에서 소용돌이치는 물 내려다보네	斷崖高處瞰縈洄
소나무 아래서 번거롭게 서로 묻지 마라	休從松下煩相問
깊은 산에서 약 캐어 달빛 받으며 돌아오리니	採藥深山帶月來

8곡은 「채약동(採藥洞)」이다. 저수지가 끝나는 지점 뒤쪽 계곡이다. 소나무 군락이 있는데 횡계저수지가 건설되기 전에는 이 굽이에 사람들이 살고 있었다고 한다.

마을 이름이 채약이다. 일찍이 고송이 있었는데, 마을 사람들이 이를 독송고(獨松皐)라 했다.

이렇게 팔곡시의 주석을 남기고 있지만 고송 소나무는 남아있지 않다.
「채약동(採藥洞)」이라는 시를 남기고 있는데, 채약동 굽이를 신선이 사는 공간으로 비유하고 있다.

삼산이 어느 곳에 있는가	三山何處在
요초는 생명을 연장할 수 있네	瑤草可延年
신선을 나는 믿지 않으나	神仙吾不信
달빛 받으며 호미 메고 돌아오네	帶月荷鋤旋

여기서 삼산은 신선이 산다는 전설 속 산으로 방장산, 봉래산, 영주산을 말한다. 요초는 옥구슬같이 아름다운 풀로, 이것을 먹으면 장생불사한다고 한다. 신선 세계를 이야기하며 신선 같은 은자로서의 삶을

염원하고 있다.

구곡이라 고암에서 아득히 바라보니　　　　　九曲高菴望鬱然

숲 끝의 폭포 물이 앞 내를 달려가네　　　　　林端懸瀑走前川

당연히 이것은 깊고 깊은 동천으로 가니　　　　應知此去深深洞

삼십 동천 중 제일 동천이라네　　　　　　　　三十天中第一天

　9곡 고암(高菴)은 고산사(高山社)를 말한다. 정규양은 1707년 고밀곡(高密谷)에 고산사를 창건했다. 유생들이 왕래하며 공부하던 곳이었다. 이 고산사를 후손들은 고밀서당(高密書堂)이라 하고, 서당이 자리했던 굽이를 서당골이라 불렀다.

　이 고산사는 채약동에서 자하봉 산길을 따라 500m 정도 올라간 곳에 있었다. 지금은 그 터만 남아있다.

안동 하회구곡

   하회구곡(河回九曲)은 남옹(楠翁) 류건춘(1739~1807)
이 안동 하회마을을 휘돌아 흐르는 낙동강에 설정한 구
곡이다. 류건춘은 겸암(謙菴) 류운룡(1539~1601)의 후손
으로, 당쟁의 소용돌이 속에서 벼슬을 하지 않고 산림처
사로 살았다. 문집『남옹유고(楠翁遺稿)』가 있다.

   2010년 세계문화유산으로 이름을 올린 하회마을은
풍산 류씨가 600여 년간 대대로 살아온 대표적 전통
마을이다. 류씨가 하회에 자리 잡은 지 얼마 후 입암
(立巖) 류중영(1515~1573)이 과거 급제 후 벼슬이 관
찰사에 이르렀다. 류중영은 두 아들 겸암 류운룡과 서
애(西厓) 류성룡(1542~1607)을 두었다. 모두 퇴계 이
황의 제자로 영남학파의 거봉이 되었다. 류성룡은 영
의정까지 지냈다.

   하회마을에는 풍산 류씨 대종택인 입암고택(양진
당)과 서애종택인 충효당 등 보물로 지정된 고택을 비
롯해 문화재가 즐비한 곳이다. 하회구곡은 류운용과
류성룡의 유적이 중심이 되고 있다.

하회구곡 1곡인 병산 풍경. 서애 류성룡을 기리는 서원인 병산서원 강당 마루에서 바라본 만대루(병산서원 누각)와 낙동강, 병산의 모습이다.

류건춘이 하회구곡을 언제 설정했는지는 분명하지 않다. 하지만 그가 지은 하회구곡시가 남옹유고에 실려 전하고 있어, 하회구곡을 설정해 경영한 사실을 알 수 있다.

류건춘의 「하회구곡시」는 두 가지 특징을 지니고 있다. 먼저 보통 구곡시는 주자의 무이도가를 차운하여 지었는 데 비해, 하회구곡시는 자신이 정한 운으로 시를 지었다는 점이다. 그리고 구성에 있어서도 차이가 있다. 대부분 구곡시가 서시를 앞에 두었는데, 하회구곡시는 구곡을 읊은 시를 먼저 내세우고 마지막에 '합곡시(合曲詩)'라는 결시(結詩)를 배치했다.

류건춘이 설정한 하회구곡은 1곡 병산(屏山), 2곡 남포(南浦), 3곡

6곡 옥연. 옥연 가에 옥연정사가 있다.

수림(水林), 4곡 겸암정(謙巖亭), 5곡 만송(萬松), 6곡 옥연(玉淵), 7곡 도포(島浦), 8곡 화천(花川), 9곡 병암(屛巖)이다.

◆상류에서 1곡이 시작되는 하회구곡

하회구곡은 상류에서 하류로 내려오면서 구곡을 설정했다. 이것도 하류에서 1곡을 시작한 대부분의 구곡 설정 방식과는 다른 점이다.

1곡 병산은 병산서원 건너편에 병풍처럼 펼쳐져 있는 산이다. 병산서원은 류성룡과 그의 셋째 아들 수암(修巖) 류진(1582~1635)의 위패를 모시고 있다. 병산서원 만대루에서 보면 병산과 강이 그림처럼 다가온다.

병산서원은 풍산읍에 있던 풍악서당을 모체로 하고 있다. 이 서당은 읍내 도로변에 있어 시끄러워 공부하기에 적당하지 않다는 이유로, 1572년 류성룡에 의해 현재의 위치로 옮겨졌다. 이 서당은 임진왜란으로 소실되었다가 1607년에 재건되었다. 풍악서당이 서원으로 된 것은 1614년 사당을 건립하고 유성룡의 위패를 모시면서부터다. 이 서원은 1863년에 조정으로부터 '병산서원'으로 사액을 받았다.

2곡 남포는 1곡에서 3.5㎞ 정도 내려간 지점인 낙동강 취수장 부근으로 추정된다. 지금은 남포의 흔적을 찾기가 어려운 환경이다. 당시에는 이곳 포구에 무지개 같은 다리, 즉 홍교(虹橋)가 있었던 것 같다. 류건춘의 아버지 류풍(柳灃)이 지은 「하회십육경」에 남포의 홍교를 읊은 시가 있어 당시 남포의 정경을 상상해 볼 수 있다.

3곡 수림은 4곡 겸암정과 원지산 사이에 있는 상봉정 뒤쪽에 있었던 숲으로 추정된다. 이 수림은 저녁노을이 특히 아름다웠던 모양이다. 수림에 떨어지는 노을을 의미하는 수림낙하(水林落霞)는 하회 16경 중 하나이다. 류풍은 시에서 "숲이 산허리에 있어 수림이라 하는데/ 푸른 강물 흐르는 물가에 높이 임하였네/ 외로운 해오라기 나란히 구름에 들고/ 밝은 노을 수림 깊은 곳으로 떨어지네"라고 노래하고 있다.

4곡 겸암정은 류운룡이 1567년 학문 연구와 제자를 가르치기 위해 세운 정자로, 하회마을 건너편 부용대 상류 쪽 언덕 위 숲속에 자리하고 있다.

5곡 만송은 하회마을 쪽 강둑을 덮고 있는 소나무숲이다. 류운룡이 풍수지리로 볼 때 마을의 허한 기운을 보완하기 위해 1만여 그루의 소나무를 심어 조성한 숲이다. 이곳에 류운룡이 지은 정자 만송정이 있었으나 1934년 대홍수 때 허물어졌다고 한다.

6곡 옥연은 솔밭 맞은편 절벽인 부용대 아래의 굽이이다. 류성룡이 귀향해 옥연 위에 지은 옥연정사가 지금도 옥연을 굽어보고 있다. 류성룡은 이 옥연정사에서 『징비록』을 저술했다.

7곡 도포는 옥연 하류에 있던 섬의 포구로 추정된다. 류건춘은 도포를 '강 모퉁이에 있는 외로운 섬'이라고 묘사하고 있다. 낙동강이 굽이도는 지점에 물길이 두 갈래로 갈라지며 형성되었던 작은 섬으로 보인다.

8곡 화천은 7곡에서 하류로 좀 더 내려가 물굽이가 형성되는 지점이다. 화천 건너편에 류운룡을 기리는 화천서원이 있다.

9곡 병암은 화천서원 맞은편에 자리한 암벽이다. 화천을 지나 다시 서쪽으로 급하게 돌아 방향을 잡은 곳으로, 이 굽이 옆에 바위가 병풍처럼 둘러서 있다. 바로 병암이다.

◆류건춘의 하회구곡시

낙동강의 근원 있는 물 동쪽에서 흘러내리고	洛上源流出自東
병풍바위의 우뚝한 절벽 그 안을 에워쌌네	巖屏峭壁抱其中
구름 낀 병산에 서원 서니 강이 섬처럼 둘러	雲屏作院江環島
일곡이라 이름난 터에 버드나무 나부끼누나	一曲名基柳樹風
〈1곡 병산〉	

5리의 긴 시내 포구 남쪽으로 흘러가는데	五里長溪闢浦南
운무가 반쯤 걷혀서 삼필봉이 드러나 보이네	烟雲半捲筆峯三
중류에는 나무꾼 피리소리 홍교(虹橋)에 이어지는데	中流樵笛連橋路

이곡이라 두견화가 푸른 남기 속에 빼어나구나　　　　　二曲鵑花秀碧嵐
〈2곡 남포〉

노을 속 오리 나는 빛이 물 서쪽에 비단 같은데　　　　霞鷺飛光錦水西
갈고리처럼 연결된 돌 잔도는 하늘 오르는 사다리에 닿았구나　鉤連石棧接天梯
세찬 물결 속의 지주석 바위 높다랗게 서 있는데　　　　頹波砥柱高巖立
삼곡이라 흰 모래밭에 기러기 떼 내려앉는구나　　　　三曲明沙落雁低
〈3곡 수림〉

굽어보니 푸른 물결 부딪혀 역류하며 흘러가는데　　　　瞰綠衝波逆折流
하늘거리는 바위틈 대나무들 정자 옆에 서 있네　　　　漪漪巖竹立樓頭
낚시 바위는 보였다 말았다 여울 소리는 오열하고　　　　漁磯出沒鳴灘咽
사곡이라 선조의 정자 십경에 들기에 손색이 없도다　　四曲先菴十景稠
〈4곡 겸암정〉

강의 반은 솔 그늘 드리워 묶인 배를 덮고　　　　　　江半清陰覆繫船
삼동에는 눈 덮이고 봄에는 봄기운을 띠네　　　　　三冬雪盖帶春烟
꾀꼬리와 학의 울음소리 바람결에 뒤섞이는데　　　　流鶯老鶴渾風瑟
오곡이라 서리 맞은 단풍이 적벽 앞에 붉구나　　　　五曲霜楓赤壁前
〈5곡 만송〉

백 길의 부용대 옥처럼 맑은 물에 비치고　　　　　百丈芙蓉玉映河
푸른 절벽 끊어진 곳에 물소리 요란하네　　　　　蒼厓斷處水聲多
나루 입구에서 맞이하고 돌아갈 때 전송하니　　　　相邀渡口旋相送
육곡이라 능파대에서 뱃노래가 들리는구나　　　　六曲凌波棹是歌
〈6곡 옥연〉

강 모서리 한 조각 외로운 섬 푸르고　　　　　　一片江隅孤島靑
지나가는 나그네 그림자 백사장에 길구나　　　　飄飄行客影長汀
깊은 가을 누런 숲은 손바닥처럼 평평한데　　　　高秋黃林平如掌
칠곡이라 농부들 노랫소리 원근에 들리네　　　　七曲農謠遠近聽
〈7곡 도포〉

서원을 품은 맑은 시내 백사장을 빙 둘렀는데　　抱社淸流繞白沙
산의 이름은 화산이고 아래 시내는 화천이라네　花名山下水名花
명륜당 높은 곳에 청금의 선비들 모여 있으니　　倫堂高處靑襟集
팔곡이라 글을 읽는 소리 북쪽 물가까지 들리네　八曲絃聲動北涯
〈8곡 화천〉

사방으로 돌던 물결 곧장 아래로 내달리고　　　四面回波直下奔
너럭바위 앞 깎아지른 절벽 병풍 문이 되었네　盤磯削壁作屛門
깊은 못의 용이 포효하여 종담 골짜기 갈랐으니　幽龍吼裂鍾潭壑
구곡이라 바람 세차고 밝은 태양 어둑어둑하네　九曲風滔白日昏
〈9곡 병암〉

그림 같은 절벽 풍경 읊은 열여섯 편의 시　　　畵壁風烟十六詩
뱀에 사족 더하기 어렵고 물은 헤치기 어렵네　蛇難添足水難披
못난 나는 만년에 주자의 무이구곡시 좋아하여　愚聲晚好紫陽曲
감히 강가 거처를 작은 무이에다 견주었네　　　敢擬江居小武夷
〈합곡시〉

'열여섯 편의 시'는 류건춘의 부친 류풍이 지은 시 「하회십육경(河回
十六景)」을 말한다.

안동 고산칠곡

　고산칠곡은 안동시 일직면과 남후면에 걸쳐 있는
미천(眉川) 물줄기에 조성된 구곡이다. 미천은 낙동강
지류로, 안망천(安望川)이라고도 한다. 구곡은 계곡
환경에 따라 매우 드물게 이처럼 칠곡으로 설정돼 경
영되기도 했다.

　이 고산칠곡을 경영한 주인공은 대산(大山) 이상정
(1711~1781)이다. 이황의 학통을 이어받은 이상정은
이황 이후 영남학파 최고의 성리학자로 꼽히며, '소퇴
계'로 불릴 정도로 학문이 깊었다. 그의 학문은 구한말
까지 이어져 영남 퇴계학파의 주류를 이뤘다.

　서른 살 때인 1740년 미천 물줄기를 지나면서 아름
다운 경관에 이끌린 이상정은 이곳을 마음에 담고 있
다가, 1767년 대석산에서 뻗어 나온 제월봉(霽月峯)이
미천과 만나는 둔덕 위에 세 칸짜리 서실을 지었다.
그러나 물이 너무 가깝고 바람이 많이 불어 기거하기
가 마땅하지 않아 3년 뒤 지금 자리로 옮겨 지었다.
새로 옮긴 곳은 마을이 가까웠으나 앞에 송림이 있어

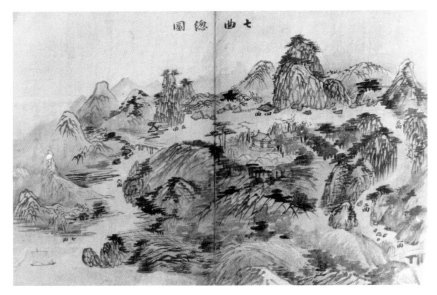

대산 이상정이 칠곡을 설정한 후 그림으로 그린 〈고산칠곡도〉 중 〈총도(總圖)〉. 〈고산칠곡도〉는 이 〈총도〉와 함께 곡별로 그린 개별도로 구성돼 있다.

3곡 유연대 풍경.

지낼 만했다. 이름은 고산정사(高山精舍)라 지었다. 고산이라는 이름은 고암(高巖) 또는 암산(巖山)이라 불리던 마을 이름을 하나로 합친 것이다. 더불어 고산이라는 말은『시경』의 "높은 산을 우러르고 큰 행적을 따르네(高山仰之 景行行之)"라는 구절에서 취한 것이기도 하다.

이상정은 고산칠곡을 설정하고 칠곡시를 지었을 뿐만 아니라, 고산칠곡도를 함께 남겼다. 그는「고산정기(高山亭記)」를 지어 손수 한 첩자(帖子)에 적고 그 아래에 칠곡의 산수와 정(亭), 대(臺) 등을 그렸다. 그리고 굽이를 따라서 시를 쓴 후〈고산정기병도(高山亭記竝圖)〉라고 명명했다. 그림이 사실적이지는 않지만 고산칠곡의 지점을 파악하는 데 많은 도움을 준다.

칠곡의 이름은 1곡 늠연교(凜然橋), 2곡 세심정(洗心亭), 3곡 유연대(悠然臺), 4곡 고산정사(高山精舍), 5곡 심춘대(尋春臺), 6곡 무금정(舞禁亭), 7곡 무릉리(武陵里)다.

이상정의 고산잡영(高山雜詠) 중 고산칠곡시는 각 굽이에서 일어나는 흥취에 의탁하여 관물구도적(觀物求道的) 도학(道學)의 경지를 표현하고 있다. 이상정은 주자의 시 무이도가에 대한 인식도 이황처럼 탁흥우의(托興寓意)의 입장을 취하고 있다. 이러한 인식은 이 시에 잘 드러나 있다.

◆ 이상정의 고산칠곡시

공산의 남쪽 기슭 시냇물 그윽하고 그윽하며	公山南畔水幽幽
여기저기 돌들 삐죽 솟아 배 뒤집히기 쉽네	亂石參差易覆舟
건널 때마다 두려워하는 마음 잃지 않으면	惶恐一心能利涉
구당 협곡도 예부터 안전한 물길이라네	瞿塘從古是安流

1곡을 읊은 시다. 1곡 늠연교는 안동시 일직면 원호리와 광음리 경계인 미천의 여울이 얕게 흘러내리는 곳이다. 지금은 송리철교가 놓여 있다. 1곡의 물길 환경을 묘사하면서 도학의 길이 멀고 험하지만 두려운 마음으로 조심하며 그 길을 가려는 마음을 표현하고 있다. 구당협(瞿塘峽)은 암초와 절벽이 펼쳐지고 급한 여울이 휘돌아 흐르는 중국 양자강의 협곡을 말한다.

넓은 들 끝나는 곳에 냇물 고여 소가 되고	平郊欲盡水初渟
돌계단 이끼 낀 낚시터 물가를 빙 둘러 있네	石棧苔磯繞曲汀
늦은 봄날 제자들과 목욕하고 바람 쐬기를 끝내면	童冠暮春風浴罷
옷 털어 다시 입고 세심정으로 걸어 올라가네	振衣高上洗心亭

2곡은 냇물이 흘러오다 잔잔한 소를 이루는 굽이다. 돌계단을 내려가면 낚시터가 빙 둘러 있으니 조대(釣臺)라 할 만하다. 여기서 이상정은 『논어』에 나오는 증점의 고사를 인용해 목욕하고 바람 쐬기를 마치면 바위 위에 널어놓았던 옷을 털어 입고 세심정으로 올라간다고 했다.

푸른 절벽 마주하는 사이에 고인 물 깊고	蒼岸雙開一水深
운무가 아침저녁으로 평지 숲 가려 어둑하네	煙雲朝暮暗平林
한가로운 마음으로 높은 대 위에 올라앉으니	試向悠然臺上坐
천년 지나도록 누가 알겠는가 산속에 사는 이 마음	千年誰識見山心

3곡 유연대는 2곡에서 1㎞ 정도 물길 따라 내려가면 물줄기가 부딪치는 쪽에 20~30m 높이의 수직 절벽이 길게 버티고 있는 곳이다. 절

고산칠곡의 4곡에 있는 고산정사. 고산칠곡의 중심 공간으로, 이상정이 지어 학문을 닦던 곳이다. 바로 뒤에 제자들이 건립한 고산서원이 있다.

벽 아래 형성된 소는 맑고 넓고 깊다. 3곡은 옛 모습을 그대로 유지하고 있다. 3곡 시는 이곳의 취병(翠屛)이라는 두 절벽 아래의 소를 노래하고 있다.

　3곡시는 주자의 무이도가 중 5곡시와 운자가 같고 내용도 비슷하다. 이상정의 '산심'과 주자의 '만고심'은 통한다고 할 수 있을 것이다. 만고심은 성인의 마음이다. 3곡의 그림을 보면 심연은 맑은 못이라는 징담(澄潭)으로 표현했고, 취병(翠屛) 위에는 유연대가 있다.

물 맑고 산 깊은 곳에 한 마을이 있는데	水靜山深自一村
텅 빈 서재에 온종일 사립문 닫고 사네	虛齋終日淹紫門
물가에 조는 새와 계단에서 웃는 꽃	汀禽欲睡階花笑
향 한 자루 피워 놓고 말없이 앉아 있네	一炷爐香坐不言

　4곡은 고산정사를 노래하고 있다. 3곡에서 300m 정도 내려가면 물줄기가 또 크게 휘돌기 시작하는 굽이에 이른다. 이 굽이의 물가 언덕

에 고산칠곡의 중심 공간인 고산정사가 있다. 정사 뒤로는 이상정이 별세한 후 1789년에 제자들이 그를 기려 세운 고산서원이 함께 자리하고 있다.

고산정사에서 가장 눈에 띄는 것은 맞은편 미천 건너의 암봉인 제월 봉이다. 이 제월봉 벼랑에는 측백나무 300여 그루가 자라고 있다. 천연기념물 제252호로 지정된 이 안동 구리 측백나무숲 측백나무는 수령이 100~200년 된 것으로 추정하고 있다.

심춘대 아래 냇물 질펀하게 흘러가는데	尋春帶下水溶溶
우뚝 솟은 절벽 위 고원(古院)은 텅 비어있네	老壁嵯峨古院空
한 줄기 무지개다리 나루터를 가로질렀으니	一帶虹橋橫渡口
누가 힘들였나 냇물 건너게 한 그 공덕	何人能辨濟川功

5곡 심춘대는 3곡에서 1.3㎞ 정도 내려가면 나오는 완만한 물굽이 지점이다. 높이 50~60m에 이르는 퇴적암 벼랑이 있다. 이 심춘대 위는 공무로 출장 오는 관리에게 숙식을 제공하던 숙소인 옛 원(院)이 있던 터다. 이상정 생존 당시에도 원은 이미 없어졌던 모양이다.

홍교는 보통 아치형으로 쌓은 돌다리를 말하는데, 여기서는 나무로 놓은 섶다리를 말한 것 같다. 고산칠곡도를 보면 튼튼한 섶다리가 그려져 있다. 섶다리는 처음에는 푸른색이었다가 솔가지나 나무 잎이 말라가며 점차 다양하게 색깔이 바뀌고 모양도 무지개처럼 둥글어서 홍교라고도 불렀다.

그는 이 다리를 보며 다리를 놓기 위해 애썼을 백성들의 노고에도 따스한 시선을 보내고 있다.

끊어진 산록 길게 뻗어 옥병풍처럼 둘렀는데	斷麓逶遲面玉屏
잡초 우거진 돌밭 사이 버려진 정자가 있구나	石田荒草認遺亭
성색(聲色)에는 관심 없어 관리하는 사람도 없는데	等閒聲色無人管
텅 빈 산은 예전대로이고 냇물은 절로 맑구나	依舊山空水自淸

6곡은 무금정은 5곡에서 800m 정도 아래 지점이다. 미천은 이 굽이에서 급하게 휘돌아 흐르는데, 이곳에 50~60m의 수직 암벽이 병풍처럼 펼쳐져 있다. 절경인데 지금도 여름철이면 피서객들이 적지 않게 찾는다. 이상정이 이곳을 찾았을 때는 무금정이 버려진 채 방치되고 있었다.

넓은 들 트인 산에 평평한 냇물뿐	野闊山開但平川
숲 너머 울타리로 저녁 연기 피어오르네	隔林籬落見人烟
기이한 유람 다하는 곳 다시 머리 돌리니	奇遊欲盡重回首
항아리 같은 협곡 별천지가 있구나	去管壺中別有天

7곡 무릉리를 읊고 있다. 6곡에서 1.5km 정도 물길 따라 더 내려가면 무릉리가 나온다. 절벽 사이를 흐르는 미천이 곳곳에 소와 담을 이루며 흐르다가, 이곳에서 들판을 만나 평범한 냇물로 바뀌는 굽이다. 주위에 평지가 펼쳐지고 마을이 형성되어 있다. 무릉리이다. 이상정은 무릉도원을 연상케 하는 지명을 지닌 이 굽이에서 고산칠곡의 여정을 마무리한다. 이 마을 이름은 물줄기가 산부리를 돌아 흘러 들어가므로 '무른개'라 불렸는데, 한자로 표기하면서 무릉(武陵)이 되었다고 한다.

이상정은 해 질 녘 저녁밥 짓는 연기가 피어오르는 평화로운 풍경을 묘사하며 이곳이 이상향인 무릉도원임을 이야기하고 있다.

계룡산 갑사구곡

충남 계룡산(鷄龍山·845m)은 이어지는 산봉우리들의 능선이 마치 닭의 벼슬을 쓴 용의 모습과 닮았다고 해서 그 이름이 붙여진 산이다. 또한 무학대사가 신도(新都)를 정하기 위해 조선 태조 이성계와 함께 신도 안의 좌우 산세를 둘러보고 "이 산은 한편으로는 금계포란형(金鷄抱卵形: 금닭이 알을 품은 형국)이요, 다른 한편으로는 비룡승천형(飛龍昇天形: 용이 날아 하늘로 올라가는 형국)이니 계룡이라 부르는 것이 마땅하다."라고 한 데서 계룡산이라 불리게 되었다는 전설도 있다.

다른 한편에서는 산봉우리 형태가 풍수적으로 닭이 머리를 쳐들고 먼 곳을 응시하는 모습과 같고, 산의 밑 부분은 용의 비늘처럼 보여 계화위룡(鷄化爲龍), 즉 '닭이 변화해서 용이 된 형국'이라 하여 계룡이라고 했다는 설도 있다

계룡산은 통일신라시대에는 오악(五嶽) 중 서악(西嶽)으로 불리다가, 조선시대에는 3악(상악 묘향산, 중

악 계룡산, 하악 지리산) 중 중악(中嶽)으로 불리었다. 1968년에는 국립공원으로 지정되었다. 국가의 안위를 위해 산신에게 제사를 지내던 곳인 중악단(보물 제1293호)이 지금도 계룡산에 남아 있다.

이 계룡산의 계곡에도 두 개의 구곡이 있는 데, 갑사구곡과 용산구곡이다. 모두 20세기(갑사구곡 1927년, 용산구곡 1932년)에 설정된 구곡이다. 그런데 구곡 설정 주인공이 한 사람은 친일 매국의 대표적 인물이고, 다른 한 사람은 경술국치 이후 은거하며 독립의 염원을 구곡에 담아 표현했던 선비로 극단적 대비를 이뤄 관심을 끄는 구곡이기도 하다.

◆윤덕영이 1927년에 설정한 구곡

갑사구곡은 갑사 옆을 흐르는 계곡 2km 정도에 걸쳐 있는데, 벽수(碧樹) 윤덕영(1873~1940)이 설정한 구곡이다.

윤덕영은 대한제국의 마지막 황제인 순종황제의 왕비인 순정효황후의 삼촌이다. 순종황제의 장인은 윤택영으로, 윤덕영의 동생이다. 윤덕영은 황실의 외척으로 주요 관직을 두루 거치며, 일본의 앞잡이 노릇을 했다. 1910년 경술국치 때 순종황제와 황후를 위협해 황후의 치마 속에 감추었던 옥새를 빼앗아 한일합병을 조인시킨 장본인으로 알려진 사람이다. 1910년 8월 시종원경으로 '합병조약'을 체결하는 어전회의에 참석해 데라우치 마사다케[寺內正毅]의 협박·회유에 동의하여 조인을 가장 적극적으로 가결시킴으로써 '경술국적'으로 지탄을 받았다.

국권피탈에 앞장선 대가로 병합 직후인 1910년 10월 일본 정부에게

서 자작 작위를 받았다. 천황 메이지[明治] 생일인 천장절(天長節) 행사에 초대받아 천황이 주는 주병(酒瓶)을 받기도 했다. 1917년 6월에는 순종이 일본 천황 부부 알현을 위해 일본으로 갈 때 배종했다. 윤덕영의 수많은 친일 활동은 '일제강점하 반민족행위 진상규명에 관한 특별법'의 친일반민족행위로 규정되었다.

윤덕영은 노년에 갑사 앞 계곡 가에 지은 간성장(艮成莊)이라는 별장에 머물며, 이곳을 중심으로 계곡 아래 위에 경치가 좋은 아홉 군데를 골라 9곡을 설정했다. 그리고 곡마다 그 이름을 바위에 새겼다. 행서로 된 이 각자(刻字)는 글씨를 새길 부분을 네모 형태로 파내 평평하게 다듬은 후 거기에다 글씨를 매우 깊게 새겼는데, 지금도 글씨가 선명하다. 하지만 글씨체가 대부분 비슷한 데다 멋이 별로 없어 아쉬움이 있다. 구곡 명칭뿐만 아니라 계곡 곳곳에 주역 관련 글귀 등 다양한 글들을 새겨놓았다.

간성장은 당시 공주 갑부 홍원표가 계곡 암반 위에 지어 윤덕영에게 바친 한옥 별장이다. 그 터는 갑사와 30년 임대계약을 맺고 사용했다고 한다. 간성장은 윤덕영이 애용하다가 나중에는 공주 출신으로 국회의원을 지낸 박충식(1903~1966)의 별장으로 사용했으며, 그 후 한동안 전통찻집으로 활용되다가 지금은 외부 손님이 묵는 갑사 요사채로 사용되고 있다.

이 간성장 앞 계곡에 정한 5곡 금계암을 중심으로 설정한 갑사구곡의 곡별 이름은 1곡 용유소(龍遊沼), 2곡 이일천(二一川), 3곡 백룡강(白龍岡), 4곡 달문택(達門澤), 5곡 금계암(金鷄巖), 6곡 명월담(明月潭), 7곡 계명암(鷄鳴巖), 8곡 용문폭(龍門瀑), 9곡 수정봉(水晶峯)이다. 갑사 사찰매표소를 지나 갑사로 들어가기 위해 건너는 다리 아래쪽 계곡에 있는

1곡 용유소부터 9곡이 있는 신흥암까지 거리는 2㎞ 정도이다.

갑사와 마곡사가 봄의 신록과 가을 단풍이 빼어나다는 것을 말해주는 '춘마곡 추갑사'라는 말을 증명하듯, 갑사를 둘러싼 계룡산 자락과 갑사구곡의 화창한 5월 초의 신록은 눈부실 정도로 아름답고 생기가 넘쳐난다.

용이 노니는 못이라는 의미의 용유소는 갑사 사찰매표소를 지나 계룡산국립공원 갑사탐방지원센터로 향하는 다리 아래에 있다. 바위 계곡 아래 형성된 작은 못이다. 주변 바위에는 '일곡 용유소(一曲 龍遊沼)'와 더불어 '간성장(艮成莊)', '삼갑동문(三甲洞門)' 등의 글씨가 새겨져 있다. '간성장' 각자는 5곡과 9곡 주변 바위에도 새겨져 있다.

2곡 이일천은 1곡에서 한참 올라가는데 계곡 가에 있는 철탑상회 부근이다. 이곳은 수정봉과 연천봉에서 발원한 두 계곡물이 합쳐져 하나가 되는 지점이다. 그래서 이일천이라 했다. 계곡 옆에 있는 큼지막한 바위에 '이곡 이일천(二曲 二一川)'이라 새겨져 있다.

3곡 백룡강은 여름 우기에 물보라가 마치 흰 용이 꿈틀대는 것 같다고 해서 붙여진 이름이다. 배를 띄워 풍류를 즐기던 곳인 4곡 달문택은 갑사 화장실 건너편 아래 계곡을 막아 만들어놓은 못이다.

◆구곡 중심은 윤덕영의 별장 간성장 주변

5곡 금계암은 간성장 주변에 있다. '계룡갑사'라는 편액이 달린 갑사강당 건물 앞을 지나는 길을 따라 조금 올라가면 길옆에 공우탑(功牛塔)이 보이는데, 이 공우탑 옆을 지나 계곡 쪽으로 내려가면 간성장을 지나 계곡을 건너는 다리(대적교)가 나온다. 다리를 건너면 바로 오른쪽 바위에 '금계암(金鷄嵒)'이라 새겨져 있다. '오곡(五曲)'이라는 글씨는 계곡 바위에 따로 새겨져 있다. 금계암은 계룡산이 풍수학에서 말하는 금계포란의 명당임을 말하는 것으로 보인다. 대적교 아래쪽 계곡이 5곡이다. 갑사구곡의 중심이고 풍광도 매우 좋다.

5곡에는 많은 각자를 확인할 수 있다. '오곡'이란 글씨가 새겨진 바위 옆 다른 바위에는 '삼갑동주(三甲洞主)'라는 글씨가 크게 새겨져 있고, 그 오른쪽에 '일중석(一中石)'이라는 글씨와 더불어 20여 자의 글자가 도형적으로 새겨져 있다. 왼쪽 끝에는 '간옹명(艮翁銘)'이라고 새겨

용산구곡의 중심 굽이인 5곡 금계암 주변 풍경. 주변 바위 곳곳에 '오곡(五曲)', '삼갑동주(三甲洞主)' 등 다양한 글귀들이 새겨져 있다.

5곡 일중석(一中石) 바위에 새겨진 글씨들.

져 있다. 주역과 천문지리에 능했다는 윤덕영이 새긴 것이다.

또 계곡 바닥 바위에는 '군자대(君子臺)'라는 글씨도 새겨져 있다. 우암 송시열의 글씨로 전한다. 그리고 그 옆에 서 있는 큰 바위에는 '영지유대군자명(靈地有臺君子名) 명칭익구구전성(名稱益口久傳聲) 계명공곡금하익(鷄鳴空谷今何益) 구화위룡간자성(口化爲龍艮自成)'이라는 글귀와 '익구구곡군자대(益口舊谷君子臺) 계룡신면간성장(鷄龍新面艮成莊)'이라는 글씨가 따로 새겨져 있다. 윤덕영이 새긴 것으로 보인다.

부근에는 또 '간성장', '간도광명(艮道光明)', '은계(銀溪)', '천장소회어상(天章昭回於上) 인문화성어하(人文化成于下)' 등이 새겨진 바위도 있다. '순화임원(舜華林園)', '용화(龍華)' 등의 각자도 확인할 수 있다.

공우탑도 윤덕영과 관계가 깊다. 공우탑은 지금의 자리에 옮기기 전에는 대적교 바로 옆에 있었다.

공우탑은 백제 비류왕 연간에 갑사의 부속 암자를 건립할 때 건축 자재를 운반하던 소가 냇물을 건너다가 죽자 그 넋을 위로하고자 세웠다고 한다. 암자에 있던 이 탑을 윤덕영이 간성장 근처로 옮겨 세우고, 탑에 다음과 같은 글을 새겨 넣었다. 탑신 1층 정면에 '와탑기립(臥塔起立) 인도우합(人道偶合) 삼혜을을(三兮乙乙) 궐공거갑(厥功居甲)'이라는 명문이 있다. '쓰러진 탑을 일으켜 세우니 사람의 도리에 부합되네. 세 번을 수고했으니 그 공이 으뜸이다.'라는 의미다.

윤덕영 자신이 쓰러져 있던 탑을 일으켜 세운 것을 자화자찬하고 있는 내용이다. 대적교 옆에 방치되어 있던 공우탑은 다시 지금의 자리

6곡 명월담.

로 옮겨져 관리되고 있다.

6곡 명월담은 석조약사여래입상이 있는 곳 부근 계곡으로, 작은 폭포와 소가 있다. 그 이름이 말해주듯이 잔잔한 물 위로 밝은 달이 비치면 각별한 정취를 선사할 만하다. 소 옆의 큰 바위에 한자로 '6곡 명월담'이라 새겨져 있다.

명월담에서 잠시 올라가면 나오는 7곡 계명암은 계룡산이 처음 열릴 때 산 속에서 닭이 날갯짓을 하며 울었다는 바위이다. 이 바위에 '7곡 계명암(七曲 鷄鳴嵒)'이라 새겨놓았다.

6곡과 7곡 사이에 '갑탁원(甲坼園)'이라 음각한 각자가 있다. 탁갑(坼甲)은 씨의 껍질이 갈라져 싹이 트는 것을 의미한다. 이는 소생(蘇生)의 이치를 전하고자 하는 것으로, 구곡 설정자 윤덕영이 새로운 세상을 소망하는 희망을 표현한 것으로 해석하는 이도 있다.

8곡 용문폭은 용문폭포를 말한다. 폭포가 10m 정도로 비교적 높고 그 아래 소도 큰 편이다. 소 앞 너럭바위에 '8곡 용문폭'이라고 크게 새겨져 있다.

'9곡 수정봉' 각자는 용문폭에서 850m 정도 더 올라가면 나오는 신흥암의 산신각에서 50m 위쪽에 있는 바위에 새겨져 있다. 신흥암에서 보이는 수정봉은 암벽을 아름답게 깎아 세워놓은 모습의 멋진 봉우리다. 신흥암 천진보탑(天眞寶塔)과 더불어 특별한 풍광을 선사한다.

천진보탑은 탑 모양을 한 자연바위다. 석가모니 부처가 열반한 후 인도의 아스카왕이 사리탑에서 부처의 사리(8斛 4斗)를 발견하고 이를 세상에 나누어 줄 때, 사천왕 가운데 북방을 담당한 비사문천왕(毘沙門天王)을 계룡산에 보내 이 천연 석탑 안에 사리를 넣었다고 한다. 이후 고구려 아도화상이 사리를 발견하고 천진보탑이라 불렀다.

계룡산 갑사 옆을 흐르는 갑사계곡에 설정된 갑사구곡 중 8곡 용문폭. 소 앞 암반에 '8곡 용문폭
(八曲龍門瀑)'이라고 새겨져 있다.

계룡산 용산구곡

　용산구곡은 계룡산 상신계곡(충남 공주시 반포면 상신리)에 있는 구곡이다. 취음(翠陰) 권중면(1856~1936)이 1932년에 설정했으며, 승천할 용을 모티브로 삼아 국권의 회복을 바라는 염원을 담아낸 것으로 해석된다. 우리나라가 국권을 상실한 이후 계룡산 상신계곡에 은거하며 용의 일생을 주제로 구곡을 설정, 기울어진 국운이 다시 회복되기를 바라는 간절한 염원을 드러낸 것으로 보인다. 기존의 일반적인 구곡과는 다른 주제를 담고 있어 흥미롭다.

　구한말 남다른 절의를 드러낸 인물인 권중면은 충북 영동에서 태어나 조정에서 여러 벼슬을 지냈다. 외직으로 황해도 평산군수를 거쳐 1907년 능주군수로 전임받았을 때, 관직을 사직하고 비통에 젖어 지내다가 회갑이 되던 1916년 봄에 계룡산 자락(공주시 반포면 상신리)으로 들어가 은거했다. 그는 따르는 제자들을 위해 사랑채에 서당을 차리고, 두문불출하며 선비의 절개를 지켜나갔다. 국운이 되살아나길 학수고대

'용산구곡'과 '1곡 심룡문'이 새겨진 바위. 여기서부터 용산구곡이 시작된다.

했으나 광복의 기쁨을 맛보지 못하고 81세 되던 1936년에 별세했다.

　시집 52권, 문집 14권, 기행문 1권 등 모두 67권의 저서를 남겼다. 하지만 한국전쟁 당시 공산군이 그의 집을 3개월간 점거·사용할 때 휴지와 불쏘시개로 사용해 모두 없어지고, 기행문인 『금강산 유람기』한 권만 전하게 되었다고 한다.

　권중면은 상신리에 은거하면서 1932년 8월 상신계곡에 용산구곡을 설정하고, 곡마다 이름을 짓고 바위에 새기게 했다. 그는 친형인 권중현(1854~1934)이 1905년 을사조약에 서명하자 형제의 의를 끊었다. 그리고 관직 유지와 사퇴 사이에서 갈등을 겪다가 1907년 정미7조약을 계기로 벼슬을 내려놓고 계룡산 상신리에 은거하며 용산구곡을 설정하고 말년을 보내다가 삶을 마감했다. 권중현(농상부대신)은 박제순(외부대신), 이지용(내부대신), 이근택(군부대신), 이완용(학부대신)과 함께 우리 민족을 배신한 을사오적에 속한다. 친형제이지만 생각과 가치관이 너무나 달랐던 모양이다.

권중면의 아들은 우리나라 단학(丹學)의 대가로, 민족운동가이자 단군사상가로 평가받는 봉우(鳳宇) 권태훈(1900~1994)이다.

◆ **용을 주제로 설정한 용산구곡**

용산구곡은 구곡의 설정 주제를 용으로 삼은 점이 특징이다. 용이 숨어 있다가 승천할 때까지의 이야기 전개를 통해 국권을 강탈당한 조선인의 국권회복 의지와 염원을 자연과 소통하는 방식으로 이루고자 했다. 계룡산 상신계곡에 은거해 수도하던 용이 비로소 때를 만나 여의주를 물고 승천함을 조국이 독립하고 번영하는 것으로 상징화시켜 전달하고자 했던 것이다.

1곡은 용을 찾는 문인 심룡문(尋龍門), 2곡은 용이 숨어 있는 못인 은룡담(隱龍潭), 3곡은 용이 수련하는 곳인 와룡강(臥龍岡), 4곡은 용이 수련하다 쉬면서 노니는 곳인 유룡대(遊龍臺), 5곡은 용이 공부가 무르익어 여의주를 얻는 바위인 황룡암(黃龍岩), 6곡은 용이 세상 이치를 보는 능력을 얻어 모습을 나타내는 현룡소(見龍沼), 7곡은 용이 구름을 만나 하늘로 오를 준비를 하는 못인 운룡택(雲龍澤), 8곡은 용이 하늘로 날아오르는 곳인 비룡추(飛龍湫), 9곡은 용이 승천해 신이 된 못인 신룡연(神龍淵)으로 구곡의 위치와 명칭을 정했다. '용'자가 다 들어가 있고, 마지막 자를 모두 다르게 한 것이 특징이다.

이 용산구곡은 상신리 마을 입구 계곡에서 시작해 계곡 상류로 거슬러 오르며 큰골까지 2.5km 정도 되는 계곡을 따라 설정돼 있다. 마을 옆을 지나 3곡부터 펼쳐지는 상신계곡의 5월 풍광은 맑은 물이 적당히 흐르는 깨끗한 암반 계곡인 데다 활엽수 숲이 뒤덮여 있어 용이 살 만하다는 생각이 들 정도로 수려하다.

1곡 심룡문은 마을 입구 길옆 계곡이다. 계곡 따라 난 도로 옆 큰 바위에 '일곡 심룡문'이 새겨져 있다. '용산구곡(龍山九曲)'이라는 글씨도 같이 새겨져 있다. 한자로 된 이 글씨는 권중면의 글씨로 보인다. '일곡'은 예서 형태로, '심룡문'은 초서로 되어있다. 9곡 신룡연까지 모두 같은 형식으로 되어있다. 이 바위 뒤편에는 '개학동문(開學洞門)'과 '상신소(上莘沼)'라고 새겨져 있다. 바위 아래 계곡에는 '취음동천(翠陰洞天)'이 새겨진 바위가 있다.

2곡 은룡담은 상신리 당간지주가 있는 곳을 지나 계곡 따라 조금 올라가면 나온다. 계곡 바닥 바위에 '이곡 은룡담'이라 새겨져 있다. 그 아래 정한수를 담은 그릇이 있는 작은 옹달샘(옻샘)이 있어 눈길을 끈다.

3곡부터는 숲과 바위, 맑은 물이 어우러지는 수려한 계곡이 이어진다. 3곡 와룡강은 계곡물이 흐르는 암반과 소가 있는 곳이다. 바위 우측 상단에는 '자양산월동원만천 백록담파영방사해(紫陽山月同圓萬川 白鹿潭波盈放四海: 자양산에 뜬 달 모든 시내 비추고, 백록담 물은 넘쳐 사해로 흐르네)'라는 글이 새겨져 있다.

와룡강 조금 위에 있는 4곡 유룡대는 커다란 너럭바위이다. 이 바위에는 다양한 글귀들도 새겨져 있다. '사곡 유룡대'를 비롯해 '거연아천석(居然我泉石)', '강산풍월 한자주인(江山風月 閑者主人)', '자양시(紫陽詩)', '취음서(翠陰書)', '권태훈(權泰勳)' 등을 확인할 수 있다. 거연아천석은 멋진 풍광과 더불어 평안하게 머물러 있는 것을 의미한다. 주자의 「정사(精舍)」라는 시에 나오는 구절이다.

거문고 타며 공부한 지 40년	琴書四十年
나도 모르게 산중 사람 다 되었네	幾作山中客
띠집 짓는데 하루면 족하니	一日茅棟成
문득 나와 샘과 돌이 한 몸이네	居然我泉石

◆용산구곡 중심은 5곡 황룡암

5곡 황룡암은 용산구곡의 중심이며, 가장 **빼어난** 경치를 자랑한다. 오방색 중 황색은 중앙을 상징하듯이 황룡을 구곡의 중심인 오곡에 배치한 것으로 보인다. 이곳은 넓은 암반 위에 큰 바위가 계곡 양 옆에 마주보며 서 있다. 그중 큰 바위에 '오곡 황룡암'이 새겨져 있다. 그리고 암반 위에는 '태극암(太極岩)', '궁산을수(弓山乙水)' 등 다양한 글씨가 새겨져 있다. 궁산을수는 산태극·수태극의 지형을 상징한다. 풍수지리에서 산줄기와 물줄기가 어우러져 굽이치며 태극 모양을 이루는 계룡산 지세를 표현하고 있다. '명월유수보감개(明月流水寶鑑開: 밝은 달 흐르는 물에 보물 거울이 열리네)'라는 글귀도 있는데, 유수 부분은 거의 파손돼 잘 보이지 않는다.

이곳에는 '취음 권중면 임신팔월(翠陰 權重冕 壬申八月)'이라는 각자도 있다. 1932년 8월(음력)에 권중면이 새긴 것임을 확인할 수

용산구곡의 중심인 5곡 황룡암 주변 풍경. 왼쪽 바위 위에 '오곡 황룡암'이라 새겨져 있고, 오른
쪽 바위와 그 아래 암반 위에 여러 가지 글귀가 새겨져 있다.

있다.

6곡 현룡소는 제법 큰 못이다. 못 위 바위에 곡 이름이 새겨져 있다. 이어지는 7곡 운룡택과 8곡 비룡추는 각자가 많이 마멸돼 확인하기가 쉽지 않다.

마지막 9곡 신룡연은 큰 바위 앞의 작은 못이다. 바위 아랫부분에 '신룡연 구곡'이 새겨져 있고, 왼쪽에 '구룡조천(九龍朝天)'이 전서체로 새겨져 있다.

구룡조천과 관련해 권중면의 아들 권태훈이 남긴 글이 있다.

나의 선고께서 계룡산의 신야(莘野)에 들어오신 지 21년 만에 하세(下世)하시었다. 이 동천(洞川)에 구곡을 설(設)하시고 동구(洞口)에 각 왈 신야춘추(莘野春秋) 도원일월(挑源日月)이라 하여 말년의 은둔(隱遁)을 표(標)하시었다. 구곡에 곡곡(曲曲)을 용(龍) 자로 명명하시고 구곡에 구룡조천(九龍朝天)이라 하시어 도학(道學)의 성공을 일방(一方)으로 의미하시었는데, 선고 향수(享壽) 팔십일 세이니 용은 양구(陽九)요 구룡이 조천하면 구구팔십일수(九九八十一數)에 조천하신다는 예기(豫期)도 된다.

1952년 3월 23일의 기록이다.

문경 선유구곡

선유(仙遊). 신선이 노닌다는 의미의 이 이름이 들어가는 지명이 우리나라에 적지 않다. 이런 지명을 가진 곳 중 문경 가은의 선유동(仙遊洞)계곡은 말 그대로 신선이 노닐 만한 **빼어난** 경치를 자랑하는 계곡이다.

이 계곡은 문경 대야산(931m)에 있다. 대야산의 이 계곡 말고 괴산 쪽으로 흐르는 계곡도 수려한데 역시 선유동계곡이라 한다. 그래서 헷갈리기도 하는데 기호지방 유학자들은 자신이 속한 괴산 선유동을 선유동 혹은 내선유동이라고 불렀다. 그리고 영남 유학자들은 자신의 고장인 문경 선유동을 내선유동이라 하고, 괴산 선유동을 외선유동이라 했다.

고산자 김정호는 괴산 선유동을 그냥 선유동이라 하고, 문경 것을 내선유동이라 했다. 상주 출신 우복(愚伏) 정경세(1563~1633)는 이렇게 노래했다.

두 선유동 사이좋게 서로 이웃이 되었는데	兩仙遊洞好相隣
중간에 있는 한 고개로 구름이 떠가는구나	只隔中間一嶺雲
이름난 명승을 두고 우열을 논하지 말게	莫把名區評甲乙
조물주는 시내와 바위 공평히 나눠주었다네	天將水石與平分

정경세는 이런 시를 지으면서 문경의 것을 동선유동, 괴산의 것을 서선유동이라 부르자고 제안했다.

◆ 정태진(1876~1956)이 1947년에 설정한 구곡

문경 선유동 즉 동선유동의 아름다움은 완장(完章)이라는 마을 이름에서도 드러난다. 정경세는 선유동 산수의 기묘함과 수려함에 감탄해 이 동네에 이르러 가이완장운(可以浣腸雲)이라고 했다 한다. '골짜기가 탁 트여 창자가 시원하다'는 뜻인데, 현재의 완장이라는 지명도 여기에서 유래했다고 한다.

이와 함께 임진왜란 당시 명나라 장수 이여송의 지사(地師)로 종군했던 풍수가 두사충이 백두대간을 넘어 이곳으로 들어서다 선유동 경관을 보고는 창자가 시원하다며 '완장(浣腸)'이라 한 데서 유래했다고도 한다.

문경 선유동계곡의 선유구곡은 누가 언제 처음 설정하고 경영했는지 아직 확인되지 않고 있다. 예로부터 시인묵객들이 즐겨 찾아들었던 선유동계곡에는 고운 최치원, 우복 정경세, 도암(陶菴) 이재(1680~1746), 손재(損齋) 남한조(1744~1809) 등이 찾아 흔적을 남겼다. 누구인지 모르지만 어떤 이가 신선의 분위기가 물씬 풍기는 굽이의 이름을 짓고 바위에 새겼다. 남한조는 이곳에 옥하정을 짓고 머물렀다.

다행히 외재(畏齋) 정태진(1876~1956)이 「선유구곡시」를 남겨 선비들이 어떤 생각을 가지고 선유구곡을 경영했는지 짐작할 수 있다.

정태진은 항일 독립운동가로 1910년 경술국치를 당하자 국권회복을 위해 노력했다. 1919년 4월 파리강화회의에 제출할 독립청원서에도 서명했다. 이후 독립운동 군자금 확보에 힘쓰다가 체포돼 대구형무소에서 옥고를 치른 뒤 문경 가은에 은거했다. 정태진은 문경에 머물며 선유동을 오랫동안 마음에 두고 있었지만, 이곳을 찾은 것은 광복 후인 1947년 5월(음력)이다. 당시의 감흥을 그는 이렇게 읊었다. 「선유구곡시」 서시이다. 정태진의 문집(『외재집』)에 나온다.

10년을 꿈꾸다 이렇게 한 번 찾아오니	十載經營此一遊
선유동문 깊숙한 곳 흥취가 끝이 없네	洞門深處興悠悠
맑은 시내 굽이굽이 원두에서 흘러오고	淸溪曲曲靈 源瀉
늙은 돌은 울룩불룩 푸른빛이 감도네	老石磷磷積翠浮
아득히 오랜 뒤에 은자 자취 찾아보는데	曠世蒼茫追隱跡
어느 때나 터를 닦고 좋은 계책 얻을까	幾時粧點獲勝籌
한 해가 다 가도 선약 얻을 소식 없으니	金丹歲暮無消息
부끄러이 세상을 향해 백발을 탄식하네	羞向人間歎白頭

정태진은 자신이 어떤 연유로 선유동을 찾게 되었는지도 적고 있다.

내가 문경에 머무를 때 일찍이 선유(仙遊)의 빼어난 경치 이야기를 듣고 매번 마음이 쏠리고 정신이 치달린 것이 오래되었다. 그러나 근심과 걱정에 매이고 시절의 어려움에 구속되어 여러 차례 미루다가 그만두었다. 정해년(1947) 4월 30일에 이성래(李成來) 익원(翊元)이 영주로부터 돌아와 김근부(金謹夫)와 함께 나를 방문했다. 그래서 이양현(李養賢)을 불러 함께 마침내 선유로의 행차를 도모했다. 이성래가 마침 머무는 곳에 일이 생겨 다시 5월 4일에 중간 길에서 만나기로 약속하고 마침내 떠나갔다.

선유구곡은 문경 가은읍 완장리 앞으로 흐르는 시내를 따라 1.8㎞에 펼쳐진 구곡이다. 선유구곡 아홉 굽이에 굽이마다 이름을 돌에 새겨놓았다. 누가 언제 새겼는지는 확인되지 않고 있다. 아홉 굽이의 이름은 1곡 옥하대(玉霞臺), 2곡 영사석(靈槎石), 3곡 활청담(活淸潭), 4곡 세심대(洗心臺), 5곡 관란담(觀瀾潭), 6곡 탁청대(濯淸臺), 7곡 영귀대(詠歸巖), 8곡 난생뢰(鸞笙瀨), 9곡 옥석대(玉舃臺)이다.

◆정태진의 선유구곡시

흰 바위에 아침 햇살 비추어 밝게 빛나고	白石朝暾相暎華
맑은 시내 찬 물결에 안개 붉게 피어나네	晶流寒玉紫騰霞
새긴 글씨 한가로이 찾지만 확인하기 어렵고	閒尋題字迷難辨
옥대 위 허공 멀리 흰 구름만 떠가네	只有白雲帶上遐

아주 넓은 너럭바위가 펼쳐져 있는 1곡 옥하대는 '아름다운 안개가 드리우는 누대'라는 의미다. 정태진은 이 1곡시 위에 이렇게 적고 있다.

이곳이 선유구곡의 제1곡이다. 옛날에는 새긴 글자가 있었으나 큰물에 갈려져 지금은 그 장소를 알아낼 수 없다.

너럭바위 뗏목 삼아 신령을 찾아가다	以石爲槎喚作靈
시내 속에 정박한 지 아득히 오랜 세월	中流停著歲冥冥
곁의 벼랑에도 선인의 자취 남아 있으니	傍崖又有仙人掌
한 길로 원두 찾으면 신선을 만날 수 있으리	一路窮源指可聽

1곡에서 조금 계곡을 거슬러 오르면 나오는 2곡 영사석은 '신령스러운 뗏목 모양의 바위'라는 뜻이다. 수량에 따라 잠기기도 하고 드러나기도 하는 영사석 너럭바위 위에 '영사석'이라는 글씨가 새겨져 있다. 이곳은 무이구곡처럼 배를 띄울 수 있는 계곡은 아니지만, 너럭바위를 신선이 타던 뗏목으로 생각하고 원두를 찾아가려는 마음을 드러내고 있다. 원두는 선유구곡을 흐르는 물이 발원하는 곳을 말하는데, 도의 근원을 의미하기도 한다. 여기서 신선은 도가의 신선이라기보다는 유학자이니까 유가의 도를 구현한 사람을 의미하는 것으로 해석되고 있다.

정처(靜處)에서 동처를 마음으로 바라보니	靜處從看動處情
못 속이 활발하여 못물이 깨끗하네	潭心活活水方清
본래 맑고 활발함 흐리지 말게	本來清活休相溷
한 이치 허명하면 도가 절로 생기리라	一理虛明道自生

3곡 활청담은 얕은 못인데, 4곡에서 흘러오는 물이 이곳에서 활청담을 만든 뒤 2곡을 향해 흘러간다. 이 활청담은 흘러드는 물로 끊임없이

마음을 씻는 대라는 의미의 '세심대'가 새겨진 바위.

움직이기 때문에 항상 맑음을 유지한다. 그래서 활청이라 한 것이다. 이런 자연을 보면서 맑고 활발한 마음을 흐리게 하지 말아야 함을 이야기하고 있다.

허명한 이치가 본디 내 마음이거늘	虛明一理本吾心
부질없이 세상사에 깊이 물들었네	枉被紛囂容染深
이 대(臺)에 이르러 한번 씻길 생각하니	到得茲臺思一洗
어찌 묵은 때를 추호라도 두겠는가	肯留滓穢分毫侵

4곡 세심대를 노래하고 있다. 이곳에는
사각형의 바위가 비스듬히 서 있는데 여기에 '세심대'라는 글자가 전

서로 새겨져 있다. 그 앞으로는 너럭바위 위로 맑은 물이 흘러간다. 허명은 비어 있지만 맑다는 의미다. 마음이 비어 있으면서 밝고 맑은 상태를 추구하는 것이 선비들의 자세이자 정태진의 화두이기도 했을 것이다.

세심대 바위에 보면 '구로천(九老川)'이라는 글씨가 새겨져 있다. 구로(九老)는 당나라 시인 백거이(772~846)가 향산에 은거해서 주변의 노인 8명과 함께 향산구로회(香山九老會)를 만들어 시를 지으며 노년을 즐긴 고사에서 비롯된 말이다. 이곳 글씨는 1933년 4월 김태영을 비롯한 순천 김씨 아홉 노인들이 이곳에 은거하며 새긴 것이라고 한다.

못 위의 급한 물살 쏟아지며 이룬 물결	潭上湍流瀉作瀾
이 못에 이르러선 그 기세 잔잔하네	到來潭處勢全寬
물결 보면 원래 이처럼 근원 있으니	觀他有本元如是
차가운 수면 위로 내 마음 비춰보네	照得吾心一鑑寒

5곡 관란담은 시에서 노래한 것처럼, 세차게 내려온 물결이 이 못에 이르러 기세가 꺾이면서 잔잔한 수면을 만들어낸다. 이곳 물가 바위에 '관란담(觀瀾潭)'이라는 글씨가 새겨져 있다. 뚜렷하지는 않다. 관란(觀瀾)은 물결을 본다는 의미로, 『맹자』의 「진심장구(盡心章句)」에 있는 구절에서 유래한다.

물을 보는 데는 방법이 있으니, 반드시 물결이 이는 여울을 보아야 한다. 해와 달은 밝은 빛이 있으니, 그 빛을 용납하는 곳에는 반드시 비추는 것이다. (觀水有術 必觀其瀾 日月有明 容光必照焉)

선유구곡은 문경 대야산의 선유동계곡에 있는 구곡이다. 보기 드물게 경치가 수려한 계곡이다. 선유구곡의 4곡인 세심대 주변 풍경.

주자는 『맹자』의 이 구절에 대해 다음과 같이 해석을 달았다.

이는 도에 근본이 있음을 말한 것이다. 란(瀾)은 물의 여울이 급한 곳이다. 밝음이라는 것은 빛의 체(體)요, 빛은 밝음의 용(用)이다. 물의 여울을 보면 그 물의 근원에는 근본이 있음을 알게 되고, 해와 달이 빛을 용납하는 틈에는 비추지 아니하는 것이 없음을 보면 그 밝음에는 근본이 있음을 알게 된다.

정태진은 이렇게 성리학자들처럼 물결을 바라보며 그 현상의 근원, 즉 도의 근원을 생각하고 도의 이치를 떠올리며 마음을 돌아본 것이다.

5곡에는 또 '관란담'이 새겨진 바위 옆 바위에 '김태영(金泰永)'을 비롯해 김씨 성을 가진 9명의 한자 이름과 함께 '구은대(九隱臺)'라는 글씨가 순서대로 새겨져 있다. 9명의 이름은 김태영, 김상봉, 김상련, 김상홍, 김상건, 김진영, 김무영, 김석영, 김종진이다.

이들은 순천 김씨 가문 사람 아홉 노인으로, 일제강점기인 1933년 4월에 구로회를 만들고 이곳에 숨어들어 이렇게 새겼다. 이들은 이곳에 모사(茅舍)를 짓고 밭을 사서 여생을 마치려는 계획을 세웠다고 한다.

◆손재 남한조 기리며 정한 6곡 탁청대

탁청대 앞으로 흐르는 물에 일어나는 가는 물결	臺前流水綠漪橫
갓끈 한 번 씻으니 만 가지 근심 가벼워지네	一濯長纓萬累輕
손재 선생 그날의 흥취를 상상해 보니	想像損翁當日趣
푸른 물결 한 굽이서 오롯한 마음 밝아지네	滄浪一曲玩心明

6곡 탁청대에도 물가 바위에 '탁청대'가 새겨져 있다. 이 글씨는 해서체다. 탁청이라는 말은 중국 전국시대 시인이자 정치가인 굴원의 「어부사(漁父詞)」에서 유래한 것이다. 강남으로 유배 와 있던 굴원이 거기서 만난 어부에게 다른 이는 다 옳지 않고 자신만이 곧음을 내세우자, 어부가 "창랑의 물이 맑으면 내 갓끈을 씻고, 창랑의 물이 흐리면 내 발을 씻으리라.(滄浪之水淸兮可以濯吾纓 滄浪之水濁兮可以濯吾足)"고 읊었다.

여기서 정태진이 떠올린 손옹(損翁)은 손재(損齋) 남한조(1744~1809)이다. 손재는 탁청대 서쪽에 세심정을 지어 살았던 인물이다. 상주 출신으로 벼슬에 뜻을 두지 않고 초야에 은둔하며 후진 교육에 힘쓴 선비였다.

물가에서 온종일 맑은 풍광 즐기다가	臨流盡日弄晴暉
때때로 바람 쐬고 시 읊으며 돌아오네	風浴隨時可詠歸
기수 무우 아니어도 뜻을 펼 수 있으니	不必沂雩能撰志
영귀암 누대에서 자족하며 봄옷 펄럭이네	巖臺自足振春衣

7곡 영귀암을 읊고 있다. 너럭바위에 '영귀암(詠歸巖)'이 전서체로 새겨져 있다. 이곳도 흰 바위들과 맑은 물의 풍광이 노래가 절로 나오게 한다. '노래하며 돌아온다'는 영귀는 공자와 증석(曾晳)의 고사에서 유래한다.

어느 날 공자가 제자인 자로(子路), 증석, 염유(冉有), 공서화(公西華)와 대화를 나누다 제자들에게 이루고 싶은 것을 말해 보라고 했다. 다들 벼슬하며 펼쳐 보일 정치적 야망을 이야기했다. 그런데 증석은

8곡 난생뢰에 새겨진 글씨 '난생뢰(鸞笙瀨)'.

그게 아니었다. "늦봄에 봄옷이 이루어지면 관(冠)을 쓴 어른 대여섯 명과 동자 예닐곱 명과 함께, 기수(沂水)에서 목욕을 하고 무우에서 바람 쐬고 노래하며 돌아오겠습니다.(浴乎沂風乎舞雩 詠而歸)"

증석이 이렇게 말하자 공자는 감탄하며 "나도 점(點)과 함께 하리라."고 말했다. 점이 이름이고 석은 증점의 자이다. 정태진도 이런 뜻을 읊었다.

반석 여울 물소리는 생황을 연주하는 듯하고	琮琤石瀨奏笙鸞
여울 바닥에는 어렴풋이 신선 발자국 보이는 듯	縹緲仙踪底處看
예부터 신선 사는 곳은 기이하고 신비하다지만	從古閬林多怪秘
구름 사이 닭 소리 개 소리 들리니 유안 같은 신선이겠지	雲間鷄犬是劉安

7곡에서 40m 정도 거슬러 오르면 나오는 8곡 난생뢰다. 이곳에도

9곡 옥석대 주변 바위에 새겨진 '선유동(仙遊洞)'. 고운 최치원 글씨로 전한다.

옥석대에 새겨진 전서체 글씨 '옥석대(玉鳥臺)'.

선유구곡 중 8곡 난생뢰와 9곡 옥석대 주변 풍광. 난생뢰는 난새를 탄 신선이 부는 생황 소리가
들리는 여울이라는 의미이고, 옥석은 신선이 남긴 신발을 말한다.

'난생뢰'가 전서체로 새겨져 있는데, 아주 멋지다. 난생(鸞笙)은 신선이 타고 다니는 난새와 악기인 생황을 뜻한다. 이는 곧 난새를 타고 생황을 부는 신선을 말한다. 뢰(瀨)는 여울이다. 이 여울에 흐르는 물소리를 신선의 피리 소리로 표현한 것이다.

마지막 구절의 유안 이야기는 한나라 유방의 손자인 회남왕 유안이 임종할 때 남긴 단약을 먹은 닭과 개도 신선이 되었다는 고사를 말한다. 유안은 신선의 도를 좋아해 팔공이라는 신선으로부터 불로장생의 선단(仙丹)을 제조하는 기술을 전수받아 천신만고 끝에 그 기술을 연마해 스스로 대낮에 승천하게 되고, 골육지친 삼백여 명도 함께 승천했다. 이때 집의 개와 닭들도 약 그릇에 묻은 것을 핥아 먹고 역시 함께 날아올라갔다는 내용이다.

◆9곡 옥석대는 신선이 신발 남긴 곳

계곡에 누운 반석 위에는 거울 같은 맑은 물	全石跨溪鏡面開
오목한 곳 폭포 떨어져 샘 되고 솟은 데는 옥석대 되었네	凹爲泉瀑峙爲帶
선인이 남긴 신발 지금 어디에 있는가	仙人遺舃今何在
섭현에서 날아온 오리 두 마리 있으리라	應有雙鳧葉縣來

마지막 9곡은 옥석대(玉舃臺)이다. 일부러 다듬어 만든 듯한 너럭바위에 '옥석대'가 전서체로 새겨져 있다. 옥석은 옥으로 만든 신발을 말하며, 도를 얻은 사람이 남긴 유물을 의미한다. 한나라 유향(劉向)이 지은 「열선전(列仙傳)」에 나오는 이야기다.

안기생(安期生)은 낭야 부향(阜郷) 사람이다. 동해에서 약을 파니 그때 사람들이 모두 천세옹(千歲翁)이라 불렀다. 진시황이 동쪽으로 유람을 갔을 때 안기생을 초청해 더불어 사흘 밤낮 동안 이야기를 나눈 뒤 기뻐하며 많은 황금과 벽옥을 하사했다. 이에 안기생은 상으로 받은 값진 보물들을 모두 부향의 역참 내에 남겨두고 말없이 떠났다. 그리고 떠나면서 편지 한 장과 붉은 옥으로 만든 신발 한 켤레를 남긴 채 종적도 없이 사라졌다. 편지에는 수년 후 봉래산으로 나를 찾아오시오라고 적혀 있었다.

쌍부섭현(雙鳧葉縣)은 『후한서』 중 「왕교(王喬)」 대목에 나오는 이야기와 관련이 있다. 후한 현종 때 왕교가 섭현의 원이 되었는데, 신술이 있었다고 한다. 그가 매달 초하루와 보름에는 반드시 와서 조회하는데, 명제는 그가 자주 오는데도 거마를 볼 수 없으므로 태사를 시켜 지켜보게 했다. 태사는 왕교가 올 때는 오리 두 마리가 동남에서 날아온다고 보고했다. 이에 날아온 쌍오리를 그물로 잡으니 한 켤레의 신발뿐이었다고 한다.

정태진은 이렇게 고사를 인용해 9곡에 그가 지향하는 도가 있음을 이야기하고 있다.

옥석대 너럭바위 건너편에 솟은 바위에는 '선유동(仙遊洞)'이라는 글씨가 새겨져 있는데, 고운(孤雲) 최치원의 글씨로 전한다. 그리고 반대편 계곡 가에는 도암(陶菴) 이재(1680~1746)를 기려 세운 학천정(鶴泉亭)이 있다. 학천정 뒤편 바위에는 '산고수장(山高水長)'이라는 힘찬 필치의 글씨가 눈길을 끈다.

성주 무흘구곡

　무흘구곡(武屹九曲)은 성주 출신의 학자이자 문신인 한강(寒岡) 정구(1543~1620)가 주인공이다. 그가 은거하면서 학문을 닦고 제자들을 가르치던 무흘정사(1604년 건립)를 중심으로 대가천 일대에 설정된 구곡이다. 대가천은 김천의 수도산에서 시작된 물이 수도암과 청암사를 지나고, 다시 동쪽으로 흘러 성주 금수면 가천면 수륜면을 거쳐 고령군 운수면 회천으로 흘러든다. 무흘구곡은 성주 수륜면에서 시작돼 금수면을 거쳐 김천 증산면으로 이어지는 매우 긴 계곡에 걸쳐 있다.

　정구 역시 주자의 삶을 닮고자 했고, 무이구곡을 사랑했다. 그래서 주자의 「무이도가」를 차운한 시를 짓고, 『무이지(武夷志)』를 증찬하기도 했다. 그리고 무흘계곡 곳곳에는 그런 그의 삶이 녹아있다. 무흘구곡은 정구의 이런 삶에서 비롯되었다. 하지만 정구가 직접 무흘구곡을 설정했다는 등의 기록이 있는 것은 아니다.

◆주자의 무이구곡을 동경한 정구

묵헌(默軒) 이만운(1736~1820)의 문집인 『묵헌선생문집』에 「무흘구곡도발(武屹九曲圖跋)」이라는 글이 있다.

> 우리 한강 정 선생은 회암(주희) 선생의 도를 몸소 행하셨다. 공부하며 시를 읊던 장소 중에 가장 좋은 무흘 한 구역이 있는데, 회암이 사셨던 무이와 같다. 선생이 일찍이 『무이지』를 증찬하고 구곡시에 화운을 하셨는데 그 뜻이 미묘하다. 이에 후인이 무흘구곡이라 이름하고 바위에 새기고 그림을 그려서 화첩을 만들어 무이의 고사를 모방했다.

이 기록을 보면 정구가 주자의 삶을 존숭하며 그런 삶을 영위하고 싶어했지만 직접 무흘구곡을 경영한 것은 아니고, 그 마음을 받들어 후인이 무흘구곡을 설정하고 이름을 새기고 그림을 그린 것으로 이야기하고 있다.

그러나 후손의 기록을 보면 무이도가에 화운한 시를 무흘구곡을 읊은 것으로 보고 있다.

정구는 주자의 무이도가를 차운해 화운한 구곡시 「앙화주부자무이구곡시운십수(仰和朱夫子武夷九曲詩韻十首)」를 남겼다. 이 구곡시 제목을 보면 무이구곡을 대상으로 읊은 시로 볼 수 있는데, 후손들의 기록에 의하면 달리 보게 된다.

진암(進菴) 정각(1799~1879)이 무흘구곡을 읊은 시의 제목을 「경차선조문목공무흘구곡운십절(敬次先祖文穆公武屹九曲韻十絶)」이라고 달고 있다. 이를 보면 정구의 구곡시가 무흘구곡을 읊은 시인 것으로 되어 있다. 후손들은 이를 통해 정구의 구곡시가 무흘구곡을 대상으로 읊은 시라고 인식해 왔다.

이처럼 정구가 무흘구곡을 경영했다고 볼 수 있으나, 무흘구곡 경영과 관련한 구체적 언급은 따로 없다. 그 이유는 이황이 직접적 구곡 경영은 주자에게 외람된 일이라고 생각한 것과 같은 것으로 해석하기도 한다.

정구는 자신이 지은 「무이지발(武夷志跋)」에서 "무이산은 기이하고 빼어나며 맑고 고와 진실로 천하에 제일이다. 또 우리 주 선생이 도학을 공부하던 장소가 되어 만대의 아래가 수사(洙泗)와 태산처럼 우러르게 하니 진실로 우주 사이에 다시 있을 수 없는 땅이 된다. 내가 외진 곳과 늦게 태어나서 이미 선생의 문하에서 배울 수 없고 또 구곡의 하류에서 갓끈을 씻을 수 없으니 어찌 심히 불행이 아니겠는가."라며 안타까워하고 있다.

정구는 주자가 은거했던 무이산에 대한 깊은 경외심을 가지고 있었는데, 1604년(선조 37년)에는 『곡산동암지(谷山洞庵志)』를 짓기도 했다. 주자가 머물렀던 운곡(雲谷), 무이산, 백록동(白鹿洞), 회암(晦菴) 등에 대한 서(序), 기(記), 제영(題詠), 사적(事跡)을 모아 엮은 책이다.

그는 또 이중구(李仲久) 집안에서 소장했던 무이구곡도를 볼 수 있었는데 "한가할 때마다 한 번씩 펼쳐보면, 이 몸이 주자가 돌아가신 지 400여 년 후 동쪽 땅에 있다는 사실을 깨닫지 못하고, 알지 못하는 사이에 그때마다 주자를 모시고 강도(講道)하며 그 가운데 가영(歌詠)하고 주선(周旋)하니 그 기상의 의미가 어떠하겠는가."라는 감회를 남기기도 했다.

성주 수륜면에서 김천 증산면까지 35㎞에 걸쳐 있는 무흘구곡은 회연서원 뒤의 바위산인 제1곡 봉비암(鳳飛巖)부터 시작된다. 제2곡이

한강대(寒岡臺), 제3곡이 무학정(舞鶴亭), 제4곡이 입암(立巖), 제5곡이 사인암(捨印巖), 제6곡이 옥류동(玉流洞), 제7곡이 만월담(滿月潭), 제8곡이 와룡암(臥龍巖), 제9곡이 용추(龍湫)이다.

차가 다니는 도로가 구곡을 따라 나 있고, 곡마다 안내표지가 서 있어 찾아보기가 어렵지 않다.

◆그림으로도 그려진 무흘구곡

무흘구곡은 정구 이후 후손과 후학들에 의해 그림으로 그려지고 차운시가 지어지면서 영남의 대표적 구곡으로 자리 잡게 되었다. 경헌(警軒) 정동박(1732~1792)은 대표적 인물이다. 그는 영재(嶺齋) 김상진에게 부탁해 무흘구곡도를 그리게 하고, 곡마다 그 명칭을 적고 직접 지은 두 수의 시를 써 넣은 뒤 첩을 만들었다. 김상진이 79세 때인 1784년에 그린 그림이고, 『무흘구곡도첩』으로 전하고 있다.

이만운이 이 무흘구곡도를 보고 지었을 것으로 보이는 「무이구곡도발」에는 다음의 내용도 담겨 있다.

> 무이정사는 순희 갑진년(1184)에 완성되고, 무흘정사는 만력 갑진년(1604)에 창건되어 지금 중건해 새기고 그린 것이 마침 갑진년(1784)이다. 하늘이 두 현인을 세상에 내면서 땅의 이름이 이미 닮고 앞뒤로 경영한 해가 또한 같은 것은 우연이 아니다. 아, 시내와 산에 향기가 넘치고 안개와 구름이 눈에 가득하니 손으로 만짐에 닮은 점이 있다. 만약 월담과 용암 사이에서 선생을 모시면 사모하고 흥기하는 것이 있을 것이니, 곧 선생의 인지(仁智) 덕을 배우고자 하는 이는 또한 이 그림에서도 얻음이 있을 것이다.

무흘구곡 차운시는 진암 정각의 「경차선조문목공무흘구곡운십절(敬次先祖文穆公武屹九曲韻十絕)」과 정관영(鄭觀永)의 「영무흘구곡시십수(詠武屹九曲詩十首)」, 최학길(崔鶴吉)의 「경차무흘구곡운(敬次武屹九曲韻)」으로 이어진다.

정구의 구곡시는 도학적 성격이 강해 무흘구곡의 실경 느낌이 잘 드러나지 않는다. 그의 구곡시 「앙화주부자무이구곡시운십수(仰和朱夫子武夷九曲詩韻十首)」이다.

◆정구의 구곡시

천하 산중에 어느 곳이 가장 신령한가	天下山誰最著靈
세상에 이처럼 그윽하고 맑은 곳 없어라	人間無似此幽淸
일찍이 주자가 깃들었으니	紫陽況復曾棲息
만고에 길이 흐르는 도덕의 소리여	萬古長流道德聲
일곡이라 여울가에 낚싯배를 띄우니	一曲灘頭泛釣船
석양 드리운 시내에 실바람이 감도네	風絲繚繞夕陽川
그 누가 알리오 세상 근심 다 버리고	誰知捐盡人間念
박달 노를 잡고 저문 안개 헤칠 줄	唯執檀槳拂晚煙
이곡이라 어여쁜 여인이 산봉우리 되어	二曲佳妹化作峰
봄꽃과 가을잎으로 아름답게 단장했네	春花秋葉靚粧容
그때 굴원에게 알렸다면	當年若使靈均識
이소에다 한두 구절 더했으리	添却離騷說一重
삼곡이라 누가 이 골짜기에 배를 숨겼는가	三曲誰藏此壑船
밤에 질 사람 없어 이미 천년을 흘렀네	夜無人負已千年
큰 내는 건너기 어렵거늘 끝이 어디인가	大川病涉知何限

건널 방법 없으니 다만 절로 가련하네   用濟無由只自憐

사곡이라 백척바위에 구름이 걷히니   四曲雲收百尺巖

바위 위 꽃과 풀이 바람에 흔들리네   巖頭花草帶風鬖

그중에 누가 이런 청정함을 만나겠나   箇中誰會淸如許

하늘 가운데 개인 달 그림자 못에 드리우네   霽月天心影落潭

오곡이라 맑은 못 얼마나 깊은가   五曲淸潭幾許深

못가의 솔과 대 절로 숲을 이루네   潭邊松竹自成林

유건 쓴 이 높은 당 위에 앉아서   幅巾人坐高堂上

인심과 도심을 강설하네   講說人心與道心

육곡이라 띠집이 짧은 물굽이에 자리하니   六曲茅茨枕短灣

세상 시비 몇 겹으로 막았던가   世紛遮隔幾重關

덕 높은 이 한 번 가니 지금은 어디 있는가   高人一去今何處

풍월만 속절없이 남아 만고에 한가롭네   風月空餘萬古閑

칠곡이라 층층의 봉우리 돌 여울 둘러 있으니   七曲層巒繞石灘

이런 풍광 일찍이 보지를 못했네   風光又是未曾看

산신령이 잠든 학 깨우는 일 좋아하니   山靈好事驚眠鶴

소나무 이슬 무단히 얼굴에 떨어져 차갑네   松露無端落面寒

팔곡이라 옷깃 헤치니 눈 더욱 열리는데   八曲披襟眼益開

시내 흘러가다 다시 돌아오는 듯   川流如去復如廻

안개와 구름 꽃과 새 모두 정취를 이루니   煙雲花鳥渾成趣

유람객 오든 말든 관계하지 않으리   不管遊人來不來

구곡이라 머리 돌려 다시 탄식하니   九曲回頭更喟然

나의 마음 산천을 좋아하지 않네   我心非爲好山川

원두는 말하기 어려운 묘함이 있으니   源頭自有難言妙

이를 버리고 어찌 별천지를 묻겠는가   捨此何須問別天

정구는 경북 성주 출신으로 이황과 조식에게 성리학을 배웠다. 통천 군수, 우승지, 강원도관찰사, 공조참판 등을 지냈다. 경서, 병학, 의학, 역사, 천문, 풍수지리 등 모든 분야에 통달했다. 특히 예학(禮學)에 뛰어났다. 41세가 되던 1583년에 후진들을 가르치기 위해 지금의 회연서원 자리에 회연초당(檜淵草堂)을 마련하고 방 이름은 불괴침(不愧寢), 창문은 매창(梅窓), 당호는 옥설헌(玉雪軒)이라고 지었다. 뜰 앞에는 백 그루의 매화나무와 대나무를 심어 백매원(百梅園)이라 불렀다. 이 때의 초당은 정구가 벼슬길에 나가있는 동안 퇴락해 그가 63세가 되던 1605년에 다시 복원했다. 그의 사후 7년째가 되던 1627년 회연초당 자리에 그의 학문과 덕행을 추모는 회연서원이 건립되었으며, 1690년 왕으로부터 사액을 받았다.

◆정각의 시로 보는 무흘구곡

무흘구곡의 면모는 정각의 「무흘구곡시」를 통해 살펴볼 수 있다.

신령함 크게 쌓은 듯 신안의 수려한 모습	新安秀色積元靈
붉은 휘장에 그윽한 향기 남아 한 누각 맑도다	絳帳遺芬一閣淸
무이산을 관리하여 그 구곡 가까이 하니	管領武夷通九曲
구름 창에 맑은 시냇물 소리 들려오네	雲窓猶聞玉流聲

정각은 이 서시에서 한강 정구를 떠올린다. 신안은 정구가 그토록 배우고 닮고자 했던 주자가 머물렀던 곳의 지명이다. 신안은 주자를 의미한다. 둘째 구의 강장(絳帳), 즉 붉은 휘장은 정구가 무흘에 지은

서운암(棲雲菴)을 가리킨다. 무이산에 각별한 애정을 가졌던 정구는 무이와 다르지 않다고 생각한 무흘에 살면서 상상 속에서 무이구곡을 가까이했고, 정각은 그런 정구를 읊고 있는 것이다.

일곡이라 바위 가에 작은 배를 놓으니	一曲巖邊放小船
활기찬 시내에 어부 노래 한가롭네	漁歌閒唱活源川
봉비암은 천 길이고 벽오동에 달 걸리니	鳳翔千仞碧梧月
아름다운 기운 모이고 저녁 안개 걷히네	佳氣葱籠捲暮烟

1곡 봉비암을 노래하고 있다. 봉비암은 회연서원 뒤의 야트막한 바위산이다. 봉황이 나는 듯한 형상이라고 해서 봉비암이라 불린다. 회연서원(성주군 수륜면 신정리)은 정구의 학문과 덕행을 기리기 위해 세운 서원이다. 정구가 1583년에 지어 제자를 가르치던 회연초당이 정구가 별세한 후 1627년, 지방 유림의 여론에 따라 서원으로 건립된 것이다.

정구는 41세 때 주변 풍광이 아름다워 이곳에 회연초당을 짓고 그 감회를 시로 표현했다.

작고 작은 산 앞의 자그마한 초당	小小山前小小家
동산 가득 매화 국화 해마다 늘어나네	滿園梅菊逐年加
거기에다 구름과 냇물 그림같이 꾸며주니	更教雲水粧如畫
세상에서 내 생애가 최고로 호사롭네	擧世生涯我最奢

회연서원 옆에는 무흘구곡 표지석을 비롯해 김상진의 무흘구곡도와 정동박의 구곡시를 곡별로 담은 비석 등이 세워져 있다. 그리고 무흘구곡에는 곡마다 안내 표지판이 세워져 있다.

◆ 한강 정구가 사랑한 2곡 한강대

이곡이라 하늘 닿을 듯한 만 길 봉우리	二曲參天萬仞峯
창파에 은은히 비치니 모두 원래 모습이네	滄波隱暎渾元容
행인이 가리키는 곳에는 유풍 가득하니	行人指點遺風菀
그 위로 솔거문고 몇 번이나 울렸는가	上有松琴韻幾重

2곡 한강대를 읊고 있다. 이곳에서 제자를 가르치고 학문에 정진한 정구를 떠올리고 있다.

한강대는 1곡에서 1.5㎞ 정도 거슬러 올라가야 된다. 수륜면 수성2리 마을 뒷산에 있는 바위이다. 산 정상에 있는 바위로 '한강대' 세 글자가 새겨져 있다.

정구는 31세 때(1573) 마을 뒷산 산등성이에 한강정사(寒岡精舍)를 지으면서 2곡에서 은거를 시작했다. 정사 이름인 '한강'의 한(寒) 자는 주자가 세상에 대한 관심을 접고 학문에 매진했던 한천정사(寒泉精舍)에서 가져온 것이다.

정구는 한강정사에 머물면서 느낀 감흥을 「효기우음(曉起偶吟)」이라는 시로 읊었다. 한강대 바위에 이 시가 새겨져 있다.

밤에는 솔숲 사이 집에서 묵고	夜宿松間屋
새벽엔 물 위 집에서 깨어나네	晨興水上軒
앞뒤에서 물소리 우렁차니	濤聲前後壯
이때 고요한 가운데 듣는다네	時向靜中聞

정구는 61세 때 한강대 북쪽에 숙야재(夙夜齋)를 짓고 62세 때는 오

1784년에 그린 〈무흘구곡도〉를 담은 비석들. 1곡이 있는 회연서원 앞에 조성돼 있다.

창정(五蒼亭)을 지었는데, 한강대를 매우 사랑했음을 알 수 있다.

삼곡이라 기이한 바위 절로 배가 되니	三曲奇巖自作船
뱃사공 기다려주지 않아 천년을 보냈네	梢工不待閱千年
소나무만 남고 학은 떠나가고 골짜기에 구름 일어나니	松留鶴去雲生壑
나그네 정자에 올라보니 모든 것이 가련하여라	遊客登臨摠自憐

3곡 무학정은 작은 바위산 위에 있다. 물가에 우뚝 솟은 이 바위는 배 모양을 하고 있어 선암(船巖), 즉 배바위라고 불렀다. 정각은 이 배가 뱃사공을 만나지 못해 천년 세월을 헛되이 보내고 있다고 노래했다. 여기서 학은 정구를 말하고 있다.

사곡이라 시냇가에 깎아지른 듯이 우뚝 솟은 바위　　　　　四曲川邊削立巖
멀리 보이는 산빛은 하늘 따라 길게 드리웠네　　　　　　遙看岱色與天銓
조화옹이 여기 와 온갖 재주 부리니　　　　　　　　　　化翁到此全工在
하얀 너럭바위와 푸른 연못 펼쳐놓았네　　　　　　　　鋪白盤陀又碧潭

4곡 입암은 3곡에서 대가천을 거슬러 4.2㎞ 정도 오르면 만난다. 물가에 촛대같이 우뚝 솟은 바위로 선바위로도 불린다. 바위 아래 '입암(立巖)'이라 새겨져 있다. 멋진 풍광을 자랑하는 곳이다.

흰 돌이 평평하게 펼쳐져 있는데 매끄럽기가 잘 다듬은 옥 같고, 푸른 물은 잔잔히 흐르는데 맑기가 밝은 거울 같다. 우뚝 솟은 바위는 높이가 오십 장쯤 된다. 비틀린 소나무가 바위틈에서 자라는데 늙었지만 키는 크지 못했다. 백옥 같은 너럭바위가 수면에 드러나 있고 삼사십 명은 앉을 만하다. 맑고 기이하며 그윽하고 고요한 분위기는 얼마 전에 구경한 홍류동과 비할 바가 아니었다.

정구는 「유가야산록」에서 입암에 대해 이렇게 묘사하고 있다.

오곡이라 시내 따라 길은 돌아 깊어지고　　　　　　　五曲緣溪路轉深
옥으로 깎은 듯한 꽃과 나무 숲을 이루네　　　　　　瓊花玉樹自成林
첩첩이 웅크린 바위 그림처럼 기이하여　　　　　　　巖蹲疊疊奇如畵
인간세상 부귀 탐하는 마음 사라지게 하네　　　　　脫略人間富貴心

5곡 사인암의 풍광을 읊고 있다.

무흘구곡 4곡인 입암 풍경. 정구는 입암에 대해 『유가야산록』에서 "맑고 기이하며 그윽하고 고요한 분위기는 얼마 전에 구경한 홍류동과 비할 바가 아니었다."고 표현했다.

검은 구름이 걷히지 않고 가랑비가 잠깐 내렸다. 결책(決策)하며 말을 타고 사인암(舍人巖)을 찾으니 수석이 깨끗하고 상봉우리가 우뚝했다. 옛날 사인이 된 벼슬아치가 여기 수석의 승경을 사랑해 바위 아래 집을 짓고 살았기 때문에 붙인 이름이다. 혹은 사신암(捨身巖)이라고도 한다. 사람들이 이곳에 이르면 자신도 모르는 사이에 심신을 모두 잊고 인간 세상의 몸을 버리고 이 땅과 인연을 길이 맺는다 한다. 하지만 모두 시골 사람들이 하는 말이어서 전하고 믿기에는 족하지 않다.

정구는 가야산 기행문 「유가야산록(遊伽倻山錄)」(1579)에서 이렇게 적고 있는 데서 알 수 있듯이 '사인암(舍人巖)'이라고 했지만, 「무흘구곡도」에는 '사인암(捨印巖)'으로 되어 있다. 현재 이곳에는 도로가 나면서 사인암의 풍광은 크게 훼손되어 버렸다.

육곡이라 급한 물살 흰 물굽이에 흐르고　　　　六曲飛湍噴雪灣

동천은 깊이 잠기고 옥문은 닫겼네　　　　　　洞天深鎖玉門關

호계와 용폭 두 시내가 합해지니　　　　　　　虎溪龍瀑雙流合

누가 어부를 이곳에 보내 이르게 하겠는가　　　誰送漁郎到此間

6곡 옥류동을 노래하고 있다. 사인암에서 3.4㎞ 정도 오르면 만난
다. 정자 옥류정(玉流亭)이 시냇가 바위 위에 날아갈 듯이 자리하고 있
다. 앞으로는 너럭바위가 넓게 펼쳐져 있고, 뒤로는 솔숲이 좋다. 계곡
이 깊고 산과 물이 어우러져 아름다운 풍광을 자랑한다. 이 굽이부터
는 김천시 영역이다.

◆7곡 만월담 아래 무흘정사 지어 은거

칠곡이라 맑은 못이 돌 여울에 이어지니　　　七曲澄潭接石灘

물 고인 곳을 고요한 가운데 바라보네　　　　水成涵處靜中看

선생이 남긴 자취는 서운암에 있으니　　　　先生遺囑棲雲材

맑은 기상 영원토록 푸르고 찬 물에 비치리라　齋月千秋照碧寒

7곡 만월담에 서린 한강 정구의 학덕을 이야기하고 있다.

무흘은 성주 서쪽 수도산에 있으니 천석(泉石)이 맑고 깨끗하며 인가가 멀리 떨
어져 있다. 선생이 이곳에 초가삼간을 세워 서책을 보관하고 쉬는 장소로 삼으
니, 그 깊은 뜻은 사람들을 피해 있고 싶은 것이었다. 편액을 서운암(棲雲庵)이
라 했다. 서운암 아래는 비설교(飛雪橋)와 만월담이 있고, 만월담 위에는 자이헌
(自怡軒)이 있는데 나무를 얽어서 만들었다. 암자 동쪽에는 산천암(山泉庵)이 있

6곡 옥류동 주변 풍경. 정자 옥류정(玉流亭)이 바위 위에 자리하고 있다. 앞으로는 너럭바위가 넓게 펼쳐져 있고, 뒤로는 솔숲이 좋다.

다. 바위틈에서 샘물이 솟아나는데 그 소리가 마치 옥이 부딪히는 소리 같다. 그 이름은 주자의 시 '밤에 산의 샘물 소리 베고 잤다'에서 가져온 것이다.

『한강 선생 연보』

정구는 62세에 무흘정사를 짓고 서운암이라는 편액을 달았다. 이 무흘정사 아래에 만월담이 있다.

팔곡이라 용이 하늘로 오르고 비가 개려 하니	八曲龍騰雨欲開
청라 깊은 곳에 물과 구름 휘도네	靑蘿深處水雲廻
사람들 신공의 조화 알 수 있으니	人能識得神功化
하늘 땅에 베푸는 은혜 예부터 있어왔어라	普施乾坤有自來

8곡 와룡암 굽이에는 이름처럼 용이 누워있는 듯한 암반이 펼쳐져

9곡 용추 폭포.

있다. 암반 바위 한 귀퉁이에는 '와룡암'이 새겨져 있다. 여름철이면 피서객들이 많이 찾는 곳이기도 하다.

구곡이라 용추에서 물이 콸콸 떨어지니	究曲傾湫瀌瀌然
신선대 아래서 시내의 근원이 시작되네	神仙帶下發源天
세속 근심 이 신령한 곳에 침범하는 것 싫어하여	却嫌俗累侵靈境
마른하늘 천둥 같은 소리 내어 동천을 지키네	吼作晴雷護洞天

9곡 용추는 크게 높지는 않지만 나름대로 위용을 자랑하는 멋진 폭포이다. 정구는 이곳을 찾아 100여 척 높이에서 떨어지는 폭포를 보았다. 그리고 폭포를 제대로 감상하기 위해 왼쪽 가에 죽은 나무를 불태우고 공간을 마련해 완폭정이라 이름을 지었다. 그 자리가 어딘지 지금 확인할 근거는 남아있지 않다.

영주 죽계구곡

　영주를 둘러싸고 있는 소백산 자락이 만들어낸 계
곡인 죽계(竹溪)에 설정된 구곡이다. 죽계구곡은 영주
의 대표적 구곡이다. 영주에는 순흥면의 죽계구곡을
비롯한 소백(小白)구곡과 초암(草菴)구곡, 부석면의
동계(東溪)구곡이 있는 것으로 조사되었다.

　죽계는 소백산 국망봉과 비로봉 사이에서 발원해
영주시 순흥면을 휘감아 돌아 흘러가다 낙동강 상류
로 흘러든다. 이 죽계의 상류에 죽계구곡이 있다. 죽
계는 특히 고려 후기 근재(謹齋) 안축(1278~1348)이
죽계의 아름다움을 「죽계별곡」으로 읊으면서 세상에
널리 알려지게 되었다.

　이후 신재(愼齋) 주세붕(1495~1554)이 풍기군수로
부임해 죽계 옆에 안향의 사당을 세우고 학사(學舍)를
마련해 1543년 우리나라 최초의 서원인 백운동서원을
건립했다. 그 후 풍기군수로 부임한 퇴계 이황은 나라
에 사액을 요청, 1550년 소수서원(紹修書院)으로 사액
을 받으면서 명칭이 바뀌었다. 소수서원은 최초의 사

액서원이기도 하다. 죽계 옆에 있는 소수서원은 이로 인해 조선 선비들의 고향이 되었다.

이런 죽계에 구곡이 없을 수가 있었겠는가. 죽계구곡은 언제 어떤 인물이 처음 설정하고 경영했는지 확실하지 않다. 주세붕이 설정했다는 설도 있고, 이황이 설정했다는 이야기도 있지만 이와 관련한 자료는 찾을 수 없다. 주세붕이 풍기군수로 있었고, 이황도 풍기군수를 역임하고 소백산을 유람한 사실 등이 원인이 되었을 것이나 관련 기록은 확인되지 않고 있다. 여러 사람들이 죽계구곡에 대해 언급한 글들을 남겼지만, 이런 기록에서도 관련 내용은 찾을 수가 없다는 것이 연구자들의 결론이다.

조선 후기 문신인 해좌(海左) 정범조(1723~1801)가 환갑의 나이를 맞아 죽계구곡을 유람한 뒤 그 감흥을 시로 읊었다. 정범조는 풍기군수를 역임했다.

휘장 친 수레 멀리서 기다리니	巾駕遙相待
문서는 상관하지 않았네	文書了不關
함께 환갑을 맞은 객이 되어	俱爲初度客
산을 전혀 유람하지 못했네	全是未窮山
가을이 되니 소나무 문 깨끗하고	秋入松門淨
스님이 함께하니 구름과 새 한가롭네	僧兼雲鳥閒
천천히 돌면서 구곡을 완상하니	遲迴玩九曲
무이산 사이에 있는 듯하네	如在武夷間

이 시를 통해 그가 유람한 죽계구곡이 초암사 부근 시내에 설정된 구곡이라는 사실과 죽계구곡이 무이구곡을 따라 한 것임을 추정할 수

있다. '가을이 되니 소나무 문 깨끗하고/ 중이 함께하니 구름과 새 한가롭네'라는 구절과 '천천히 돌면서 구곡을 완상하니/ 무이산 사이에 있는 듯하네'라는 구절이 그 근거이다.

◆두 개의 죽계구곡

현재 죽계구곡은 크게 두 가지로 정리되고 있다. 순흥부사 신필하가 1728년에 설정한 죽계구곡과 『순흥지(順興誌)』와 『흥주지(興州誌)』에 기록되어 있는 죽계구곡이다.

『순흥지』에 "죽계구곡은 순흥군수 신필하(申弼夏)가 일찍이 소백산에 노닐 때, 초암사(草菴寺) 금당반석(金堂盤石) 앞에 '죽계제일수석(竹溪第一水石)'을 크게 써서 새기니 곧 무이구곡을 모방한 것이다. 처음 반석에 제1곡을 새기고, 시내를 따라 내려가며 끝인 이점(梨店)에 제9곡을 새기니 그 사이가 겨우 5리 정도이다. 시내가 길고 굽이가 많은 가운데 가장 기이한 곳을 취한 것이다. 마땅히 새긴 구곡에만 그치지 않을 것이니 너무 짧지 않을까 생각한다. 무이구곡은 처음 동구(洞口)에서 거슬러 올라가 원두(源頭)에 이르니, 동구가 제1곡이 되고 원두가 제9곡이 된다. 여기서 이른바 죽계구곡은 그것과 상반된다. 지금의 소견으로는 백운동(白雲洞) 취한대(翠寒臺)를 1곡으로 시작하고, 금성반석(金城盤石)을 2곡으로 삼고, 백자담(栢子潭)을 3곡으로 삼고, 이화동(梨花洞)을 4곡으로 삼고, 목욕담(沐浴潭)을 5곡으로 삼고, 청련동애(靑蓮東崖)를 6곡으로 삼고, 금당반석(金堂盤石)을 8곡으로 삼고, 중봉합류(中峯合流)를 9곡으로 삼는 것이 마땅하니 비로소 여기에 기록해 후인을 기다린다."고 적고 있다.

신필하의 죽계구곡처럼 상류에서 1곡을 시작하는 구곡도 간혹 있기는 하다. 그러나 순흥지 편찬자는 이것을 옳지 않다고 생각했던 모양이다. 그리고 그 구간이 짧다는 생각으로 신필하가 새겨놓은 죽계구곡에 의문을 표시하며 새롭게 죽계구곡을 정했다. 이러한 설정은 『홍주지』에도 계승되었다.

하계(霞溪) 이가순(1768~1844)은 순흥에서 만년을 보내면서 죽계를 따라 소백산을 유람하고 시를 읊으면서 구곡시 「소백구곡(小白九曲)」을 지었다. 그는 죽계구곡을 자세히 언급하지 않으면서 이황이 유람한 자취를 따라 소백구곡을 설정하고 경영했다. 이가순의 소백구곡은 신필하의 죽계구곡과 차이가 많다. 아홉 굽이의 지점이 다르고 규모도 훨씬 크다.

순흥지가 제시한 죽계구곡 중 그동안 확인할 수 있었던 굽이는 제1곡 취한대, 제7곡 용추, 제8곡 금당반석, 제9곡 중봉합류이다. 나머지 굽이는 그 지점이 확실하지 않아 전문가들이 다만 추정할 뿐이다. 두 죽계구곡은 순서는 다르지만 지점은 일치하는 부분이 많은 것으로 보고 있다. 현재 안내 표지판은 신필하의 죽계구곡을 설명하고 있다.

◆『순흥지』 죽계구곡

1곡 취한대는 소수서원 옆 죽계 시냇가에 있는 대(臺)인 취한대의 이름을 그대로 가져온 굽이다. 맑은 죽계의 물과 취한대, 소나무 숲 등이 어우러져 한 폭의 그림같이 아름다운 풍광을 자랑하는 굽이다.

취한대는 1550년 당시 풍기군수이던 이황이 처음으로 터를 닦고 흙을 쌓아 단을 만들어 소나무를 심은 대이다. 이 아름다운 대에서 소수서원의 원생들이 시를 지으면서 청운의 꿈을 키우도록 한 것이다. 지금은 정자가 세워져 있다. 지금의 정자 취한대는 1986년에 건립한 것이다.

이황 제자인 월천(月天) 조목(1524~1606)은 소수서원을 방문해 벗들과 함께 취한대에 앉아 시를 지었다.

쉰 살 나이의 늙고 병든 몸으로	五十年來老病身
술 한 동이 마주하니 모든 정이 친하네	一樽相對總情親
취한대 아래 물결은 옛날과 같은데	翠寒臺下波如舊
그때의 자리 위 춘풍을 보지 못하네	不見當時座上春

『흥주지』에 "백운동(白雲洞)은 순흥부 영귀봉 아래에 있다. 옛날에는 숙수사(宿水寺)가 있었고, 지금은 소수서원이 있는 곳이다. 수석이 매우 빼어나고 동학(洞壑)이 그윽히 안아서 아름답고 영롱함이 남쪽 고을에서 제일이다. 취한대, 경렴정, 경자바위(敬字石)가 있다."라는 구절이 나온다.

경렴정은 취한대 건너편 언덕 위에 있다. 소수서원 경내로 들어가는 대문 앞에 있는 정자로, 유생들이 시를 짓고 학문을 토론하던 장소였다. 경렴(敬濂)은 송나라 성리학자 염계(濂溪) 주돈이를 경모한다는 의미로 지은 이름이다.

경자바위는 취한대 부근 냇가에 있는 바위로, '경(敬)' 자가 새겨져 있다. '백운동'이라는 글자도 새겨져 있다. 주세붕이 백운동서원을 창건한 후 바위에 '경' 자를 새기고 "회헌 선생을 선사(先師)로 경모하여 서원을 세우고 후학들에게 선사의 학리를 수계(受繼)하고자 한다. 세월이 흘러 건물이 허물어져 없어지더라도 '경' 자만은 후세에 길이 전해져 회헌 선생을 선사로 경모하였음을 전하게 되리라."고 했다 한다.

이 경자바위와 관련해서는 다음과 같은 전설도 있다. 세조 3년(1457) 10월 단종복위 거사 실패로 이 고을 사람들이 정축지변(丁丑之變)이라는 참화를 당하게 되는데 그때 희생된 순흥도호부민들의 시신이 이곳 죽계에 수장되고 만다. 그 후 밤마다 억울한 넋들의 울음소리가 들리자 주세붕이 그 원혼을 달래기 위해 '경' 자에 붉은 칠을 하고 위령제를 지낸 후로 울음소리가 그쳤다는 이야기다. '백운동'은 이황 글씨라고 한다.

2곡 금성반석은 순흥향교 옆 죽계에 있는 널따란 바위로 추정하고, 3곡 백자담은 송림 앞을 흐르는 죽계에 형성된 못, 4곡 이화동은 삼괴정(三塊亭, 아까마골) 앞의 죽계, 5곡 목욕담은 신필하의 죽계구곡 중 6곡, 6곡 청련동애는 신필하의 죽계구곡 5곡인 안간교 아래 굽이로 추정되고 있다.

7곡 용추폭포는 배점리 주차장에서 2.7㎞ 정도 걸어 오르면 도로 왼쪽 계곡에 나타나는 폭포이다. 초암사로 올라가는 길 아래에 있다. 6m 높이의 바위틈에서 시냇물이 물기둥을 이루며 떨어지고, 그 아래는 폭포수가 만든 소가 있다. 바위 위쪽에 '사곡(四曲)'이라는 글씨가 있는데, 신필하의 죽계구곡 제4곡이다.

> 용추는 초암 남쪽 다리 아래 수십 보쯤에 있다. 상하에 반석이 평평하게 펼쳐지고, 좌우에 암각(巖角)이 기이하게 깎여있다. 가운데 급한 여울이 있는데 세차게 달려서 떨어지니 나는 폭포가 되고, 깊고 맑은 물이 돌아 심연을 이룬다. 큰 돌이 못의 가운데 누워서 구불구불하니 마치 살아있는 용이 구름과 비를 삼키고

토하는 듯하기 때문에 용추로 이름 지었다. 가뭄을 만나 기우제를 지내면 영험
이 있었다.

『순흥지』

8곡 금당반석은 초암사(草菴寺)에서 국망봉 쪽으로 길을 따라
300m 정도 걸어서 올라가 계곡으로 내려가면 나온다. 널따란 반석 위
로 죽계의 물이 흘러가는 굽이다.

금당반석 위에 작은 폭포가 있고 오른쪽 큰 바위 벽에 신필하가 새
긴 '죽계일곡'이 있다. 신필하는 이 금당반석을 1곡으로 삼았다.

『순흥지』에 기록된 죽계구곡의 1곡인 취한대 풍경. 소백산에서 발원한 죽계에 설정된 죽계구곡은
순흥지 죽계구곡과 신필하가 설정한 죽계구곡 두 종류가 있다.

8곡 금당반석. 폭포 옆 바위에 신필하가 새긴 죽계일곡을 확인할 수 있다.

금당반석은 초암 금당 앞에 있다. 반석이 상하 수십 보에 평평하게 펼쳐지고 비스듬히 드리웠다. 물이 그 위를 흐르는데 깊고 맑으며 천천히 흐르지만 활발하다. 좌우는 기이한 바위가 벌여 서서 솟았는데, 앞에 큰 돌이 우뚝 섰다. 산기슭이 닫히고 못 입구가 그윽하고 고요하니 세상과 단절되었다. 소요하며 완상하니 사람으로 하여금 세상 근심 한 점 없게 만든다.

『순흥지』

금당반석에서 아래로 조금 내려가면 이황의 자취가 남아있는 청운대가 있다. 청운대는 바위 이름이다. '청운대(靑雲臺)'라는 각자가 있는데, 원래 이름은 백운대(白雲臺)였다.

그 사연을 이황의 글에서 확인할 수 있다.

월명봉 서쪽은 작은 봉우리가 두 봉우리에서 내려와 초암사 앞에서 서로 안아 산문을 만든다. 초암사 서쪽에 돌이 있는데 높이 우뚝 솟아 있다. 그 아래는 맑은 시냇물이 부딪치고 소용돌이치며 비스듬히 깊은 못을 만든다. 위는 평평하여 앉을 수 있으니 남으로 산문을 바라본다. 몸을 구부려 물 흐르는 소리를 들으니 진실로 빼어난 경치다. 주경유가 이를 백운대라 이름하였는데, 내가 생각하기에 이미 백운동과 백운암이 있으니 이 이름이 혼동되지 않겠는가. 백 자를 청 자로 하는 것만 못하리라.

9곡 중봉합류는 금당반석에서 100m 정도 올라가면 나온다. 국망봉 서쪽 골짜기에서 내려온 물과 비로봉 동쪽에서 내려온 물이 중봉 아래에서 합류하는 지점이다.

청도 운문구곡

　운문구곡은 소요당(逍遙堂) 박하담(1479~1560)이 청도군 운문면과 금천면에 걸쳐 흐르는 운문천과 동창천에 설정해 경영한 구곡이다. 그리고 우리나라 구곡 중 매우 빠른 시기에 설정된 구곡에 속한다.

　박하담의 문집인『소요당일고(逍遙堂逸稿)』에 "중종 31년(1536) 선생의 나이 58세에「운문구곡가」를 지으시다.「무이도가」에 차운하니 소요하는 취미를 읊으신 것이다."라고 적고 있다.

　박하담은 1536년 주자가 무이산의 무이구곡을 읊은 무이도가를 차운하여 운문구곡가를 지은 것이다. 그는 운문천 일대에 운문구곡을 설정하고 소요하며 구곡원림을 경영했다.

　그는 왜 운문천에 운문구곡을 설정하고 은거하는 삶을 살았을까.

　박하담은 명문 집안에 태어났다. 그의 선조는 고려시대부터 벼슬에 나아가 높은 관직에 올랐으며, 포은 정몽주 문하에서 성리학을 공부하여 가학으로 이어갔다. 조부 때 밀양에서 청도로 옮긴 이후 청도의 대표적 사족으로 자리 잡게 된다.

연산군은 점필재 김종직이 지은 「조의제문」을 세조를 겨냥한 대역 무도의 행동으로 보고, 김종직을 부관참시(剖棺斬屍)하고 그의 제자인 탁영 김일손이 그 글을 실록에 기재했다는 이유로 극형에 처했다. 그리고 정여창, 김굉필 등 김종직의 문인 30여 명을 죽이거나 귀양 보냈다. 이 무오사화가 일어나자 당시 20세이던 박하담은 김일손의 죽음을 애도하는 다음과 같은 시를 지었다.

◆무오사화 등을 겪으며 은거를 택한 박하담

제나라 역사에 다투어 쓴 것은 사관의 곧음이고	齊簡爭書惟史直
공자는 꺼림을 빌려서 때에 따라 권도를 행하였네	魯田假諱達時權
어지러운 한나라 세상에 초연히 재앙을 면하니	瞻烏漢世超然免
나는 신도반이 족히 현명하다 말하리라	我屠謂蟠亦足賢

그는 사화를 통해 사관의 곧음과 공자의 권도(權道)를 생각했다. 권도는 목적 달성을 위해 그때그때의 형편에 따라 임기응변으로 일을 처리하는 방도를 뜻한다.

어떤 외압에도 굴하지 않고 사실을 기록하는 사관이 있어서 제나라 역사는 사실이 기록될 수 있었다. 그러나 공자는 정도(正道)로 대처할 수 없는 상황에서는 권도로 임하여 사람이 희생되는 일을 막았다. 그런데 무오사화에서 사림은 그렇게 하지 못했다. 정도로만 대처하다 보니 김종직은 부관참시당하고 김일손은 목숨을 잃었다.

그래서 박하담은 신도반이 당화(黨禍)에 초연하여 재앙을 면한 것을 현명하다 했다. 중국 후한 말의 학자이며 은자였던 신도반(申屠蟠)은 당고(黨錮)의 화를 피해 산으로 들어가 살면서 대장군 하진, 동탁 등의 초빙을 물리치고 절조를 지키며 생을 마친 인물이다.

박하담은 이런 마음을 굳히게 되면서 벼슬길에 나아가는 데 뜻을 두지 않고 은거하는 삶을 택했다.

하늘을 위로 하고 못을 아래로 하여 여기에서 소요하고, 고금을 포섭하여 여기에서 소요하여 자적(自適)의 즐거움을 깃들이니, 마침내 집의 이름을 소요(逍遙)라고 하였다. 나의 소요는 구름에 날고 하늘에 노니는 것이 아니라 스스로 즐거운 곳에서 자재하는 것이다. 산을 마주하고 물에 임하여 태극의 형상을 징험하고, 꽃과 풀을 품평하여 조물주의 뜻을 생각하고, 올려 보고 굽어보며 왼쪽으로 보고 오른쪽으로 보니, 아침의 햇빛과 저녁의 어둠이 기후를 달리하고, 봄의 화장과 가을의 장식이 형태를 변화시켜 온갖 형상을 제공하면서도 무진장하다.

『소요당일고』 중의 「소요당기」 내용이다.

여기에서도 나타나듯이 박하담은 은거하는 자연에서 그 안에 내재하는 이치를 궁구하고 깨닫고 관조하는 소요의 삶을 살고자 했다. 그 소요의 공간으로 운문을 택했다. 그는 「운문부(雲門賦)」에서 다음과 같이 읊었다.

곤륜산의 한 가지 갈라져
접역(鰈域)의 산들을 두르네
교남(嶠南)에 도주(道州)가 있어
방박(旁礴)을 맺으며 꿈틀하네

산들이 고을 동쪽으로 모이니

가장 아름다운 곳 운문이네

접역(鰈域)은 우리나라의 다른 이름이다. 교남(嶠南)은 문경새재 이남인 영남을 말하고, 도주(道州)는 청도의 옛 지명이다. 박하담은 청도의 산천 중에 가장 아름답다고 판단한 운문에 은거하며 소요하고자 했다.

군자가 몸을 보존함이 절실하니	諒君子只存身
굽히고 펼 때를 알아서 스스로 노력하네	知屈伸而自强
부귀 보기를 뜬구름같이 하니	視富貴如浮雲
서쪽 언덕에서 당귀를 캐노라	采當歸於西岡
마땅한 가르침 속에 낙토가 있으니	名敎內有樂地
오로지 소요하며 배회하리라	聊逍遙兮相羊

박하담의 작품 「소요부(逍遙賦)」 내용이다. 그의 뜻이 잘 나타나 있다. 그는 이 운문에 구곡을 설정하고, 운문구곡가도 지었다.

운문구곡은 청도군 금천면 신지리에 있는 선암서원 앞의 선암(仙巖)을 1곡으로 하여, 상류로 오르면서 9곡까지 이어진다. 2곡은 석고봉(石鼓峯), 3곡은 횡파(橫坡), 4곡은 천문동(天門洞), 5곡은 내원암(內院庵), 6곡은 석만(石灣), 7곡은 백탄(白灘), 8곡은 도인봉(道人峯), 9곡은 평천(平川)이다. 운문댐을 거쳐 운문사와 사리암 입구를 지나 멀리 가지산이 보이는 곳까지 걸쳐 있는 구곡이다.

◆박하담의『소요당일고』

　박하담은 본관이 밀양(密陽)이고, 호는 소요당(逍遙堂)이다. 증조할 아버지는 함양 군수를 지낸 박융이고, 할아버지는 소고공 박건이다. 아버지는 부사직(副司直)을 지낸 박승원이고, 어머니는 경절공 하숙부 (河叔溥)의 딸 진주 하씨(晉州 河氏)이다.

　박하담은 1516년 생원시에 합격한 후, 여러 번 대과에 도전했으나 실패했다. 청도의 동창천 눌연(訥淵) 위에 정자를 짓고 소요당이라 명명하고 자연과 더불어 학문을 닦으며 은거의 삶을 살았다. 조정에서 박하담의 학행을 듣고 감역, 봉사, 사평 등의 직임을 주며 여러 번 불렀으나 모두 응하지 않았다.

　기묘사화로 낙향한 삼족당(三足堂) 김대유와 교분이 두터웠으며, 함께 청도 지역에 사창(社倉)을 설치하기도 했다. 82세로 죽은 뒤 청도 칠엽산에 묻혔다.

　조식, 성수침 등과 교유하였으며, 그의 시문집인『소요당일고』가 남아있다. 묘소는 경상북도 청도군 이서면 칠엽산에 있다.

　박하담의「운문구곡가」서시다.

하늘이 운문을 열고 땅이 신령을 기르니	天開雲門地毓靈
그 가운데 산수가 자연스레 맑아라	箇中山水自然淸
지팡이 짚고 나막신으로 소요하며 진경을 찾으니	逍遙筇屐尋眞境
무이의 굽이굽이에 노래하여 화답하네	歌和武夷曲曲聲

　박하담은 서시에서 신령한 운문의 산수를 찬미하고, 운문구곡을 거

슬러 소요하며 주자의 무이도가에 화답하는 구곡가를 읊는다고 이야기하고 있다. 그의 「운문구곡가」를 따라가 본다.

◆ 박하담의 「운문구곡가」

일곡이라 맑은 물에 일엽선 띄우니	一曲淸流一葉船
원두에 약야천이 있는 줄을 알겠네	源頭知有若耶川
옛 나루 거슬러 올라서 망연히 서니	逆洄古渡茫然立
바위는 구름 끝에 솟고 새는 안개 속에 우네	巖出雲端鳥叫烟

1곡시다. 박하담은 1곡의 지점을 언급하지 않았지만, 선암(仙巖)으로 추정하고 있다. 선암은 청도군 금천면 신지리 선암서원 앞 하천 변에 서 있는 바위다.

후학들이 박하담을 기려 건립한 선암서원은 박하담과 삼족당(三足堂) 김대유(1479~1551)를 기리고 있다. 약야천은 운문사 옆을 흐르는 하천이다. 운문산에서 흘러내린 물은 약야천으로 모여 흐르고 이 물은 다시 선암 앞으로 흘러간다. 원두는 하천의 근원으로, 도의 근원을 의미한다.

박하담은 구곡을 거슬러 올라가며 도의 경지에 나아가고자 한다.

이곡이라 가운데 석고봉을 여니	二曲中開石鼓峯
완연히 사랑하고 즐기는 모습이네	宛如雲樂舞昭容
이곳에 이르러 기생 생각 없으니	咠人到此心無妓
꿈 밖의 양대로 가는 길 몇 겹인가	夢外陽臺路幾重

2곡은 석고봉이다. 운문댐 입구 대천 삼거리에서 운문사 가는 길을 따라 1.5㎞ 정도 가서 운문호를 바라보면 호수 가운데 우뚝 솟은 봉우리가 보인다. 이것이 석고봉이다. 석고봉 주위의 물길 모습은 수몰되어버렸다.

석고봉에서 당시에는 남녀가 사랑하는 모습을 읽을 수 있었던 모양이다. 양대(陽臺)는 고사에서 유래된 용어로 남녀가 정을 나누는 장소라는 의미로 사용된다. 2곡에서 여색의 유혹을 극복하고 9곡을 향해 나아감을 노래하고 있다.

이와 관련해 박하담은 「운문부」에서 운문에 있는, 아름다운 여인 얼굴을 한 옥녀산을 유람하는 사람들이 만나면 더 이상 유람을 하지 않고 머물며 마음을 그르친다고 지적하며 경계하고 있다.

삼곡이라 빗긴 언덕 우선 모양이고	三曲橫坡等藕船
신선이 속세 밖에 노니니 하루가 일 년이네	仙遊物外晝如年
간장 창자 사이 다섯 근심 지금 다 씻으니	腸間五累今消盡
밝고 밝은 마음 내 가장 사랑하네	實鑑明明我最憐

3곡 횡파는 석고봉 맞은편에서 6㎞ 정도 위에 위치한다. 박하담의 표현대로 우선(藕船), 즉 연 모양의 배 같은 모습을 하고 있다. 연 모양의 배가 운문천을 따라 내려가는 듯한 이 언덕에서 박하담은 신선처럼 물외(物外)에 노닐었다. 여기서 근심을 다 씻고 밝은 마음을 회복해 그 마음으로 살고자 했다.

사곡이라 시내를 둘러서 사면이 바위이니	四曲環溪四面巖
아름다운 꽃과 기이한 풀 드리웠네	瑤花異草影鬖鬖
천문동 골짜기에 기절처가 많이 있어	天門洞壑多奇絶
돌기운 구름에 닿고 달은 못에 비치네	石氣摩雲月印潭

4곡 천문동을 읊고 있다. 천문동은 횡파 입구에서 운문사 방향으로 3㎞ 정도 올라가면 신원교가 나오는데, 신원교 근처의 물굽이가 이곳이다. 4곡 아래에서 이 운문천과 신원천이 만나 운문댐으로 흘러든다.

◆ 내원암 입구에 5곡

오곡이라 산이 높고 땅은 더욱 깊으니	五曲山高地愈深
연하가 곳곳에 평평한 숲을 덮고 있네	煙霞多處靄平林
분향하고 묵묵히 앉아서 주역 읽으니	焚香黙坐看周易
내원암이 맑고 서늘해 심성을 기르네	內院淸凉養性心

5곡 내원암 입구이다. 4곡에서 운문사 쪽으로 2.5㎞ 올라가면 운문사 가는 길과 내원암 가는 길이 갈라지는 지점을 만난다. 이곳에서 운문천을 따라 조금 내려가면 한 굽이가 나온다. 이 굽이가 5곡이다. 고요하고 청정한 곳에서 주역을 읽으며 사물의 이치를 궁구하고 심성을 기른다는 것이다.

육곡이라 숲의 문이 돌 물굽이 마주하니	六曲林扃對石灣
잔나비 울고 꽃 피어도 상관하지 않네	猿啼花笑不相關
생생하는 사물 이치 천지에 보노라니	生生物理觀天地
유인으로 노에 의지해 한가롭게 하네	能使遊人倚權閑

박하담의 운문구곡 중 1곡인 선암(仙巖) 근처에 있는 선암서원(청도군 금천면 신지리). 선암서당이라는 편액이 걸려 있는 건물은 강당이다. 선암서원은 1577년 현재 위치에 건립되었으며, 박하담과 김대유를 기리고 있다.

운문구곡 중 1곡인 선암(仙巖)의 주변 풍경. 물가에 서 있는 바위가 선암으로, 청도군 금천면 신지리 선암서원 앞 동창천에 있다.

6곡 석만이다. 석만은 운문사와 사리암 중간쯤 되는 지점이다. 시내가 온통 돌로 이루어져 있어 그렇게 명명한 모양이다. 여기서 그는 잔나비가 울고 꽃이 아름답게 피어 있어도 마음이 흔들리지 않는다며, 한가로운 마음임을 이야기하고 있다.

칠곡이라 백탄으로 내려가니	七曲登臨下白灘
우뚝 솟은 사찰 수풀 건너에 보이네	笤嶢梵宇隔林間
구름 헤친 큰 손은 지금 어디에 있는가	披雲巨手今安在
가을 달의 맑은 정신 수면 위에 차갑네	秋月精神水面寒

7곡은 백탄이다. 6곡 석만에서 길을 따라 1㎞ 정도 올라가면 사리암 입구에 도착한다. 이곳 근처의 시내가 백탄이다. 이곳의 운문천은 하얀 모래, 흰 돌이 바닥에 깔려 백탄, 즉 흰 여울을 이루고 있다. 7곡에서 산길을 따라 오르막길을 한참 올라가면 사리암이 나온다

7곡에서는 가을 달과 같은 맑은 정신을 노래하고 있다.

팔곡이라 운림이 합했다 다시 열리니	八曲雲林合復開
도인봉 아래 작은 시내 돌아 흐르네	道人峯下小溪洄
이 한가한 가경 아는 사람 드물어	此閑佳境人知少
~ 늙은이 읊조리며 돌아오네	~翁伴詠來

8곡 도인봉은 7곡에서 조금 올라가면 오른쪽으로 보이는 산봉우리이다. 봉우리 부분에 큰 바위가 비스듬히 드리워 있는데, 멀리서 보면 도인이 앉아 수련하는 모습을 연상시킨다. 신라 때 한 스님이 이곳에서 수련했다는 전설도 전한다.

박하담은 8곡에서 절경을 찾는 일반인들은 모르나 자신은 이곳은 한가한 가경, 즉 도의 극처에 가까움을 알고 있다고 노래하고 있다. 마지막 구절의 세 글자가 누락돼 있다.

구곡이라 산이 다하고 물 맑아서	九曲山窮水瑩然
물고기 발발하게 평천에서 뛰노네	遊鱗潑潑躍平川
고깃배는 이날도 도원을 찾지만	漁舟此日桃源覓
달리 운문에 한 동천 있다네	別有雲門一洞天

9곡은 평천이다. 8곡에서 산길 따라 1.5km 정도 가면 운문산이 끝자락에 이른다. 이 굽이에 이르면 계곡이 환하게 열리면서 확 트인 공간이 나타난다. 멀리 가지산이 보이고 가까이는 운문산 끝자락이 보인다. 주자의 무이구곡의 9곡을 떠올리게 한다.

박하담은 별천지인 무릉도원이 따로 있는 것이 아니라 이곳이 바로 별천지라고 이야기한다.

화천 곡운구곡

　곡운구곡(谷雲九曲)은 강원도 화천군 사내면 용담리(용담계곡)와 삼일리(삼일계곡)에 걸쳐 있는 구곡이다. 화악산(1,468m)이 만들어낸 이 계곡 15㎞에 설정된 곡운구곡의 주인공은 곡운(谷雲) 김수증(1624~1701)이다. 김수증은 이곳 용담리에 농수정을 짓고 은거하면서 1곡 방화계(傍花溪)부터 9곡 첩석대(疊石臺)까지 아홉 굽이의 이름을 붙이고 구곡을 경영했다. 나중에는 구곡 그림을 그리게 하고, 구곡시도 아들과 조카 등에게 짓게 한 후 화첩으로 만들어 남기기도 했다.

　청음(淸陰) 김상헌(1570~1652)의 장손으로 태어난 김수증은 효종 임금이 죽자(1659) 일어난 예송논쟁으로 권력의 부침을 겪으면서 벼슬에 대한 욕심을 버렸다.

　아버지 김광찬(1597~1668)이 세상을 떠나고 3년상을 치른 뒤 47세(1670) 되던 봄날, 은둔지를 찾아 화천 땅을 밟게 된다. 지금의 화천군 사내면 용담1리에 땅을 마련하고 집을 짓기 시작했다. 이곳은 매월당(梅月堂) 김시습(1435~1493)이 잠시 은둔했던 곳이기도 하다.

◆ 김수증이 은둔지를 찾아 설정한 구곡

김수증이 터를 잡은 곳은 스승인 우암(尤庵) 송시열(1607~1689)에게 "우리나라 산수는 봉래산 만폭동을 첫째로 치지만, 수석이 평평하고 골이 넓어서 유영(遊泳)하고 반환(盤桓)하며 서식(栖息)하고 경착(耕鑿)할 만하기로는 저 만폭동이 이곳보다 못한 바가 있습니다. 더구나 매월당의 유적이 여기에 있으니, 제가 터를 잡아서 의지할 곳으로 삼는 일을 어찌 그만둘 수 있겠습니까."라고 말한 곳이다.

북한강의 지류인 사내천(史內川)이 흐르는 골짜기를 은둔지로 삼은 그는 그 이름을 주자(朱子)가 은둔했던 운곡(雲谷)을 거꾸로 써서 곡운(谷雲)으로 바꾸었다. 터를 잡고 은거한 곳의 뒷산이 청람산(靑嵐山)인데, 청람산도 고유의 이름(守里山)이 있었으나 김수증이 개명했다.

1673년 김수증은 곡운을 다시 찾아와 주자가 무이산에 무이구곡(武夷九曲)을 정하여 노래한 것처럼 곡운구곡을 설정했다. 송시열과 영의정을 지낸 아우 김수항(1629~1689) 등이 유배된 1675년 겨울에는 온 가족을 데려와 살면서 '곡운정사(谷雲精舍)'라는 현판을 내걸고, 농수정(籠水亭)을 짓고 가묘도 세웠다. 이때 곡운구곡을 설정한 것으로 보는 견해도 있다.

서인이 세력을 회복한 1681년에는 병이 나서 산을 나갔다가, 송시열과 김수항이 사사(死賜)된 기사환국(1689)이 일어나자 홀로 다시 곡운으로 들어왔다. 화악산 북쪽에 화음동정사(華陰洞精舍)를 짓고, 권력

무상을 처절하게 느끼며 곡운에 은둔하다가 1701년 78세를 일기로 세상을 떠났다.

1689년에 지은 「곡운기(谷雲記)」를 보면 곡운의 위치와 형세 등이 상세하게 기록되어 있다.

지금 곡운에 머물면서 바라보니 큰 산이 그 바깥을 두르고 작은 산이 그 안에 뒤섞여 사면을 둥글게 감싸 안은 것이 별세계를 열어놓고 있다. (중략) 경치가 아름다운 곳에 이르게 되었으니, 세간에서 소박삽(小撲揷)이라 부르는 곳이다. 계곡 어귀가 그윽하고 깨끗하며 기상이 깊고도 으슥했다. 급한 여울과 층층바위에 바위꽃이 무수했다. 그래서 이름을 방화계(傍花溪)로 바꾸었다. 다시 십여 리를 가니 돌다리가 물가에 걸렸는데 약간 널찍하다. 진실로 광채가 있는 듯해 청옥협(靑玉峽)이라고 이름을 지었다. 1리쯤 가자 이른바 여기정(女妓亭)이란 것이 있었는데, 신녀협(神女峽)이라는 이름으로 바꾸었다. (중략) 내가 골짜기 가운데로 가서 집을 지었다. 경술년(1670) 가을에 시작하여 몇 년 사이에 겨우 일곱 칸의 띠집을 지었다. 을묘년(1675) 겨울에 온 집안이 와서 살았다. 띠집을 지은 후에 또 초당(草堂) 세 칸을 짓고, 편액을 곡운정사(谷雲精舍)라 했다. 또 농수정(籠水亭)을 짓고, 가묘(家廟)를 세웠다. 좌우에 아이들의 방을 짓고 마굿간, 행랑, 부엌 등의 부속 건물을 간략하게 구비했다.

◆ 조세걸의 〈곡운구곡도〉는 진경산수화의 토대

그는 곡운구곡을 매우 사랑하여 1682년에는 당대의 대표적 화가 패천(浿川) 조세걸(1635~1705)을 불러 곡운구곡과 농수정의 모습을 비단 위에 열 폭의 그림으로 그리게 했다. 발문은 김창협이 썼다.

〈곡운구곡도〉가 완성된 후 10년이 지난 1692년에는 자신을 비롯해 두 아들과 다섯 조카, 외손자를 동원해 주자의 무이도가 운(韻)을 따라 곡운구곡의 매 굽이를 읊은 칠언절구의 시를 짓게 하고 화첩을 만들었다. 『곡운구곡도첩』이다.

김수증이 곡운구곡도를 그리게 한 경위에 대해 조카 김창협이 지은 「곡운구곡도발(曲雲九曲跋)」에 다음과 같이 기록돼 있다.

> 내 두 다리가 때때로 산에서 나갈 수밖에 없기 때문에, 이 구곡을 늘 내 눈 안에 머물게 할 수 없다. 그러므로 생각날 때 가끔씩 보려고 한 것일 뿐이다.

그가 곡운구곡을 얼마나 사랑했는지 짐작게 한다.

조세걸이 그린 곡운구곡도는 이전 그림과 달랐다. 생생한 우리 산수의 모습은 물론 띠집과 백성들이 농사짓는 모습에다 닭, 개, 소, 나귀 등의 동물들 움직임까지 사실감 있게 그려져 있다.

이 그림을 제작할 때 김수증은 조세걸과 일일이 계곡을 답사하면서 어떻게 그릴지 지도했다고 한다. 최대한 사실대로 그리게 했다는 것이다. 이 그림은 조선 후기 겸재 정선으로 대표되는 진경산수화의 토대가 됐다.

〈곡운구곡도〉(가로 425㎝, 세로 64㎝)는 진경산수화의 장을 연 그림으로 평가받는다. 조세걸은 평양 출신으로, 연담 김명국에게 그림을 배운 선비 화가이다.

김수증은 「곡운구곡시」의 서시와 1곡 시를 읊었는데, 서시에서 곡운구곡 탐승을 성령(性靈) 양성의 계기로 삼기를 바라고 있다.

티끌 세상 벗어나 마음 닦기 알맞구나	絶境端宣養性靈
늘그막의 마음 맑은 산 맑은 물로 기쁘도다	暮年心跡喜雙清
백운산 동쪽 화악산 북녘	白雲東畔華山北
굽이굽이 물소리 귀에 가득하네	曲曲溪流滿耳聲

1곡 방화계(傍花溪)는 봄철에 바위마다 꽃이 만발하는 계곡이라는 의미다. 춘천에서 화천으로 들어가는 경계지점에 위치하고 있다. 방화계를 지나는 물이 완만히 흐르다가 너럭바위에 이르러 격한 소용돌이를 이루는데, 김수증은 「무이도가」의 운을 차운하여 1곡을 직접 읊었다.

일곡이라 세찬 여울 배 들이기 어려운 곳	一曲難容入洞船
복사꽃 피고 지는 속세와 동떨어진 시내	挑花開落隔雲川
깊은 숲에 길 끊어져 찾는 이 드무니	林深路絶來人少
어느 곳 산골 집에 개가 짖고 연기 나겠는가	何處山家有吠煙

당시에는 사람들이 접근하기 어려운 심산유곡이었던 모양이다.

2곡 청옥협(青玉峽)은 맑고 깊은 물이 옥색처럼 푸른 골짜기이다. 방화계로부터 사내천을 한참 거슬러 오르면 우측에 높게 솟은 바위 봉우리와 만나게 된다.

계림을 따라 석림(石林) 가운데를 지나니 높고 낮은 큰 돌들이 많고, 산봉우리는 연결되어 하늘을 막은 듯하며 길은 다한 듯하나 다시 통한다. 또 십여 리를 가니 석잔(石棧)이 물 사이에 있고 점차로 전망이 트여가는 것 같았다.

선비 화가 조세걸이 그린 곡운구곡도 중 1곡 방화계(왼쪽)와 3곡 신녀협. 김수증과 답사하며 그린 이 곡운구곡도는 진경산수화의 장을 연 그림으로 평가받는다.

이래서 이곳을 청옥협이라 부른다고 김수증은 「곡운기」에 적고 있다. 아들 창국이 차운하여 시를 짓게 한 곳이다.

이곡이라 험한 산에 옥봉우리 우뚝하니　二曲峻嶒玉作峰
흰 구름 누른 잎은 가을빛을 발하네　　白雲黃葉暎秋容
돌다리 가고 가서 신선 세계 가까우니　行行石棧仙居近
속세 떠나 몇만 겹 들어온 줄 알겠네　　己覺塵喧隔萬重

3곡 신녀협(神女峽)은 청옥협으로부터 2.5㎞ 상류에 있다. 사내천로 길옆에 작은 공원이 조성되어 있고, 계곡이 내려다보이는 공원 가장자리에 청은대(淸隱臺)라는 정자가 서 있다. 신녀협의 정경이 신비스러

워 강의 신 하백(河伯)의 딸인 신녀에 비유한 계곡으로, 곡운구곡 중에 경관이 가장 뛰어난 곳으로 꼽았다. 김수증은 평소 흠모하던 김시습이 노닐었다는 신녀협의 수운대(水雲臺)를 김시습의 법명인 벽산청은(碧山淸隱)에서 가져와 청은대(淸隱臺)로 이름을 바꾸었다. 지금의 청은대는 2006년에 복원한 것이라 한다.

신녀협은 부드러운 곡선의 너럭바위가 물길 양쪽으로 길게 누워 절경을 이룬다. 곡운구곡을 답사한 정약용은 "협곡이 아닌데도 협곡이라고 한 것은 웅덩이의 형상이 마치 마주 서 있는 듯 두 벼랑이 협을 이룬 것 같기 때문"이라고 신녀협을 묘사했다.

3곡 시는 김수증의 조카 김창집이 지었다.

삼곡이라 빈터에는 신녀 자취 묘연한데   三曲仙踪杳夜船

소나무에 걸린 달은 천년을 흘렀어라   空台松月自年千

청한자(김시습) 놀던 뜻을 이제야 알겠으니   超然會得淸寒趣

흰 바위에 나는 여울 너무도 아름답네   素石飛湍絶可憐

4곡은 튀어 오르는 물안개가 흰 구름 같은 못인 백운담(白雲潭)이다. 김수증이 "거북이와 용이 물을 먹고 있는 것 같았다."고 했던 백운담에서는 용의 형상을 한 바위를 볼 수 있다. 정약용은 이곳을 "반석이 넓게 깔려 1천여 명이 앉을 수 있고, 돌빛은 순전한 청색에 아주 깨끗하다. 구렁으로 쏟아져 흐르는 물이 기괴하고 웅덩이에서 솟아 넘치는 기운이 언제나 흰구름 같다."고 묘사하며 곡운구곡 중에서 가장 기관(奇觀)이라고 평했다.

조카 창협에게 차운시를 짓게 한 백운담은 물이 깊어 사람들이 모이거나 고기를 잡기에 적합한 곳이었다. 곡운구곡 중에서 가장 물살이 센 곳이다. 물살이 바위에 부딪쳐 흩어지는 것을 김수증은 설운(雪雲)이라 하고, 정약용은 백운(白雲)이라 하였다. 이곳은 층층이 주름진 바위가 매우 특이하다.

사곡이라 시냇물 푸른 바위에 기대 보니   四曲川觀倚翠巖

가까운 솔 그림자 물속에 어른거리네   近人松影落鈂鈂

쏟아지는 물거품 그칠 줄 모르고   奔湶濺沫無時歇

뿌연 안개 언제나 연못 위에 피어나네   雲氣尋常派一潭

5곡 명옥뢰(鳴玉瀨)는 옥이 부서지는 듯한 소리를 내는 여울을 의미한다. 백옥담으로부터 멀지 않은 곳에 있다. 「곡운기」에는 "기이한 장관을 이루기가 백운담보다는 못하나 맑고 온화하기는 백운담보다 낫다."고 적고 있다.

정약용은 1823년 『산행일기』에서 "명옥뢰는 모여 있던 담수가 쏟아져 내리는 곳이다. 반석이 넓게 깔리고 놀치는(사나운) 물결이 구렁으로 달림으로써 옥설이 함께 일어나고 풍뢰가 서로 부딪쳐 진동한다."고 적었다.

조카 창흡이 차운시를 쓴 이곳은 지금 가옥과 도로가 들어섰고 축대를 쌓아 올려 당시와는 다른 모습을 하고 있다.

오곡이라 밤은 깊어 냇물 소리 들리니	五曲溪聲宜夜餘
옥패를 흔드는 듯 빈 숲속에 가득하다	鏘然玉佩響遙林
솔문을 나서면서 가을밤 고요한데	松門步出霜厓靜
둥근달 외로운 거문고 세상 밖 마음이라	圖月孤琴世外心

◆ 곡운구곡의 중심 6곡에는 농수정사

용이 숨은 못인 6곡 와룡담(臥龍潭)은 김수증이 주변에 농수정사(籠水精舍)를 지어 은거하던 곳으로, 곡운구곡의 중심이 되는 곳이라 할 수 있다.

김수증은 주자가 여산에 와룡암(臥龍菴)을 지어 제갈량의 위폐를 봉안하였다는 고사를 상기하며, 자신의 곡운정사를 주자의 와룡암에 비유해 이곳을 와룡담(臥龍潭)으로 불렀다고 한다.

곡운기에 "화악산은 비췻빛을 머금어 책상을 대한 듯하고 그 앞에 용담이 있어 이름을 귀운동(歸雲洞)이라 하였다."라고 한 와룡담은 북쪽이 산으로 둘러싸인 분지이다. 명옥뢰와 가까운 거리에 있으며, 김수증이 농사정사를 지어 기거하면서 경작하던 밭들이 있어 경관의 특색보다 경작하고 거처할 환경을 갖춘 곳이었다.

농수정사는 시끄러운 여울물로 세속의 번거로움을 피하는 선비의 집을 말한다. 김수증은 농수정사가 완성된 후 농수정(籠水亭)을 짓고 "세속의 시비 소리 행여나 들릴까(常恐是非聲到耳)/ 흐르는 계곡 물로 산을 둘러 막았네(故教流水盡籠山)"라는 구절이 있는 고운 최치원의 시를 인용하며 자신의 심정을 표현했다.

김수증의 「농수정소서(籠水亭小序)」에 있는 내용이다.

바위 골짜기 치닫는 물 첩첩 산골 뒤흔드니　　　　狂奔疊石吼重巒
사람의 말소리 지척임에도 분간하기 어렵구나　　　人語難分咫尺間
세속의 시비 소리 행여나 들릴까　　　　　　　　　常恐是非聲到耳
흐르는 계곡 물로 산을 둘러 막았네　　　　　　　故教流水盡籠山

이 시는 최치원의 시로 가야산 홍류동에 새겨져 있다.

나는 어렸을 때부터 이 시를 애송했다. 어쩌다 물이 돌에 부딪쳐 솟구치는 곳을 만나면 높은 풍모를 품지 않은 적이 없었다. 대개 뜰에 난 풀을 보면서 풀을 뽑지 않은 주렴계의 뜻을 생각하는 것과 같은 것이다.

나는 경술년 봄에 강원도의 곡운을 차지해 이미 정사(精舍)를 짓고 시내 굽이치는 곳으로 나가 농수정을 지었다. 아! 고운(孤雲)이 이 시를 지은 뜻은 과연 어디에 있는가? 내가 이 뜻을 취한 것은 시비를 가리는 천성을 없애려는 데 가깝지 않겠는가? 아아! 혼돈(混沌)이 죽자 온갖 거짓이 날로 번성하여, 사람이 처음에

곡운구곡의 6곡 와룡담. 김수증이 주변에 농수정사(籠水精舍) 등을 지어 은거하던 곳으로, 곡운구곡의 중심이 되는 곳이다. (화천군 제공)

받은 것이 녹아 없어져 얻을 수 없다. 세상은 뜨겁고 말 많으니 참된 것을 얻기 어렵다. 불행히도 말세에 태어나 잘잘못이 빈번하니 말썽이 많은 속에 들어가고 싶지 않다. 그러므로 고운이 일찍이 "속세의 요로와 교통하는 데는 눈길을 준 일이 없고(人間之要路通津 眼無開處) 물외의 청산과 녹수로 돌아갈 때만 꿈꾸었다(物外之靑山綠水 夢有歸時)"라고 했다.

높이 날아 멀리 갈 수 있으나 오히려 알려질까 두려워했으니, 이것이 어찌 세상을 잊는 것에 과감하여 그렇게 한 것이겠는가? 높은 산 우러르고자 하나 그 사람 멀리 갔구나. 세상 밖의 구름 산, 살고 있는 이곳이네. 수많은 갈래 맑은 물이 산을 두르고 계곡을 떨치니, 시끄러움 이르지 못해 시비를 다 잊는구나. 편안하고 한가롭게 노님이여, 내 장차 그 사이에서 늙으리.

6곡 시는 아들 창직이 지었다.

육곡이라 그윽한 곳 푸른 물을 베개 삼고	六曲幽居枕綠灣
천길 물 솔숲 사이 은은하게 비치네	深潭千尺暎松關
시끄러운 세상일 숨은 용은 모르니	潛龍不管風雲事
물속에 드러누워 한가하게 사는구나	長臥波心自在閑

계류가 잔잔히 흐르는 평탄한 지형의 7곡 명월계는 농수정사 북쪽 아주 가까운 곳에 있다. 이곳은 "서북 모퉁이로 수백 보 나아가면 반석이 있는데 가히 배회할 만하다."라고 김수증이 「곡운기」에 기록하였지만, 지금은 강심 얕은 물 위로 다리가 놓이고 물에는 자갈돌이 굴러다니고 있어 그 옛날의 달빛 정취는 느끼기 어려울 것 같다.

정약용은 "우마견시(牛馬犬豕)의 오염과 티끌 등 어지럽고 더러움이 형언할 수 없다. 수석이 오염되어 있으니 이곳을 구곡에 넣기에는 불가한 곳"이라고 폄하한 곳이다. 7곡 시는 조카 창업이 지었다.

칠곡이라 넓은 못은 얕은 여울에 이어졌으니	七曲平潭連淺灘
저 맑은 물결은 달밤에 더욱 좋구나	清連連響越重看
산은 비고 밤은 깊어 건너는 이 없으니	山空夜靜無人度
큰 소나무 외로이 찬 그림자 던지네	唯有長松倒影寒

8곡 융의연(隆義淵)은 제갈량과 김시습의 절의를 기려 지은 이름이다. 김수증은 거처하는 곳마다 이 두 사람의 초상을 걸어놓고 숭모할 정도로 두 사람을 매우 우러렀다고 한다. 이곳 역시 정약용은 "모두 길가에 있어 아름다운 경관이 없다."고 평했다. 8곡 시는 조카 창즙이 지었다.

팔곡이라 맑은 못물 아득히 괴어 있고	八曲淸淵漠漠開
때마침 저 구름 그늘을 던지네	時將雲影獨沿迴
맑기도 하여라 근원이 가까운가	眞源咫尺澄明別
물속에 노는 고기 앉아서 바라보네	坐見儵魚自往來

9곡은 첩석대(疊石臺)다. 「곡운기」에 "조금씩 더 나아가면 기이한 바위가 여기저기 나열되어 있고 물은 그 사이를 일사천리로 흘러간다. 이름 하여 첩석대라고 하니 수석(水石)의 빼어난 곳이 이곳에 이르러 다한다."고 적고 있다. 그러나 지금은 큼직한 몇 개의 바위만이 남아 옛 모습은 상상할 수밖에 없는 상황이다.

9곡시는 외손자 홍유인이 지었다.

구곡이라 층층바위 다시 우뚝한데	九曲層巖更嶄然
첩첩이 쌓인 벽 맑은 물에 비치네	台成重壁暎淸川
노을 속 저 물결 솔바람과 견주니	飛湍暮與松風急
시끄러운 그 소리 골짜기에 가득하네	靈籟嘈嘈滿洞天

봉화 대명산구곡

　대명산구곡(大明山九曲)은 조선 후기의 유학자인 해은(海隱) 강필효(1764~1848)가 설정해 경영한 구곡이다. 봉화군 명호면 도천리의 보라골에서 시작된다. 그리고 운곡천을 거쳐 명호에서 낙동강으로 합류한 뒤, 청량산을 지나 안동시 도산면 가송리까지 이어지는 20km 정도의 물줄기를 따라 설정된 구곡이다.

　대명산구곡은 일반적인 구곡과는 달리 상류에서부터 제1곡이 시작된다. 제1곡 마고(麻姑), 제2곡 갈천(葛川), 제3곡 조대(釣臺), 제4곡 백룡담(白龍潭), 제5곡 청량산(淸涼山), 제6곡 광평(廣平), 제7곡 고산(孤山), 제8곡 월명담(月明潭), 제9곡 면만우(緜萬隅)이다.

◆강필효가 운곡천과 낙동강 20km에 설정한 구곡

　강필효(姜必孝)는 호가 해은(海隱)이고 봉화 법전(法田) 출신이다. 1803년 유일(遺逸)로 천거되어 순릉

참봉(順陵參奉)에 임명되고, 또 1814년 세자익위사세마(世子翊衛司洗馬)에 임명되었으나 모두 사퇴하였다. 1842년 조지서별제(造紙署別提)에 임명되었다가 곧 충청도도사로 옮겼으며, 이듬해 통정대부로 승진했다.

저서로『고성현고경록(古聖賢考經錄)』,『근사속록(近思續錄)』,『석척록(夕惕錄)』,『사유록(四遊錄)』,『경서고이(經書考異)』등이 있다. 문집인『해은유고』가 있다.

강필효는 주자를 존숭하고 명나라를 사모하는 마음으로 봉화에 은거하며 대명산구곡을 설정하고 경영했다. 구곡의 이름인 대명산은 명나라를 사모하는 마음에서 지은 것이다.

그렇지만 강필효는 구곡시「대명산구곡경차무이도가운(大明山九曲敬次武夷櫂歌韻)」의 서시에서만 대명의리를 언급했을 뿐, 나머지 아홉 굽이의 시에서는 그런 색깔을 드러내지 않았다. 각 굽이마다 자신의 가족이나 학문과 관련된 인물들을 떠올리며 노래하고 있다.

강필효의 서시다.

해동이 저 멀리 성황의 신령에 닿으니	海東遙曁聖皇靈
크지 않은 산과 내가 대명을 숭상하네	一片溪山尚大明
그 속에 고사리 캐며 사는 선비 있으니	中有採薇高蹈士
천지 가에 살며 호탕한 노래 부르네	側身天地浩歌聲

강필효에게 대명산구곡은 임진왜란 때 조선에 원군을 보냈던 명나라에 대한 의리를 이어가는 공간이었다. '성황의 신령'을 언급한 것은 명나라 황제의 신령이 닿아 머무는 공간이란 것을 말하고 있다. 그리

고 조선의 외진 산골에 있는 산과 냇물도 명을 숭상한다고 노래하고 있다. 그 산속에서 고사리 캐며 절의를 지키는 선비는 다름 아닌 강필효 자신을 말한다.

서시 끝에 붙인 주석에 강필효는 백두대간의 태백산에서 **뻗어** 내려온 지맥이 이곳으로 흘러 왔음을 설명한다.

대명산이 태백에서 **뻗어** 나와 용이 날고 봉황이 춤을 추는 듯이 100리를 오르고 내리다가 우뚝 솟아 높은 산이 되니, 산 아래 은빛의 폭포가 뿜어내는 물이 산을 에워싼다. 돌아보니 이제 제경(帝京)은 전쟁이 일어나 조종(朝宗)을 회복하지 못하고 있는데 우리나라 한 구역만 숭정(崇禎)의 일월(日月)을 이어가고, 이 산이 또 대명(大明)의 이름을 가지니 어찌 한 조각 깨끗한 땅이라고 말한 것이 아니겠는가.

◆ **할머니가 난을 피해 살던 곳인 1곡 마고**

1곡 마고(麻姑)는 낙동강 상류의 봉화군 명호면소재지에서 북서쪽으로 4km 정도 떨어진 도천리 '보라골'에 있다.

밖에서 보면 안에 사람 살 곳이 있을까 싶을 만큼 작은 산골 안 상보라, 중보라, 하보라 등에 모두 50여 가구가 살아간다. 강필효의 할머니는 난을 피해 이곳에서 살았던 인연이 있었다. 풍광이 **빼어난** 곳은 아니지만 큰길에서는 이 계곡이 잘 드러나지 않고 물이 넉넉한 데다 농토도 적당히 있어 난을 피하기 적합했던 것으로 보인다. 이런 개인적인 인연으로 강필효는 이곳을 대명산구곡의 첫 굽이로 삼았다.

일곡이라 마고에서 작은 배를 띄우니	一曲麻姑泛小船
구름 깃발 물든 돛대 평천을 내려가네	雲幢彩慢下平川
선관과 도굴이 지금은 어디에 있는가	仙關道窟今安在
조모가 그때에 음식을 마련한 곳이네	壽母當年供竈煙

강필효는 이곳에서 상상 속에서 작은 배를 띄우고 구곡 유람을 떠난다. 평천(平川)은 보라골 계류를 말할 수도 있겠지만, 주자의 무이구곡가(武夷九曲歌) 중 마지막 9곡 시에 나오는 평천과도 연결된다.

선관(仙關)과 도굴(道窟)은 신선들이 사는 공간이다. 동시에 강필효의 조모가 난을 피해 들어와 살던 신성한 공간이기도 하다. 대명산 아래의 작은 골짜기는 이렇게 해서 강필효에 의해 신성의 영역으로 재탄생하게 된다.

2곡 갈천(葛川)은 명호면 도천리에 위치한다. 마고 동천(洞天)을 떠돌던 시냇물은 하류로 흐르며 산속을 돌고 돌아 1.5km 정도 내려가면 보라교에 이르러 도천과 만난다. 이 물길은 650m 정도 더 내려가 제법 큰 물줄기인 운곡천(雲谷川)으로 흘러든다. 이 합수지점 삼거리 근처가 바로 제2곡인 갈천(葛川)이다.

갈천은 흔히 두 갈래 물줄기가 갈라진 곳에 쓰이는 지명이다. 갈천 마을의 시냇가 바위에는 갈천동천(葛川洞天)이라는 글씨가 새겨져 있었다. 그러나 강변의 35번 국도를 확장하는 과정에서 훼손될 위기에 처하자 마을 사람들이 글씨를 탁본한 다음 다시 근처 바위에 새겼다. 현재 이 바위글씨는 갈천 삼거리에서 35번 국도를 따라 청량산 방면으로 150m 정도 내려간 지점의 오른쪽 바위벽에 새겨져 있다.

2곡 갈천(葛川). 두 물길이 만나는 곳인데, 이곳에서 강필효는 도가의 성왕(聖王)을 떠올린다.

이곡이라 갈천 하늘 봉우리 우뚝 솟아　　　　　　二曲葛天卓立峯

푸른 이내 예로부터 봄의 모습 띠고　　　　　　青嵐終古帶春容

이 생애 무회씨 세상에 미치지 못하니　　　　　此生不及無懷世

오랜 세월 슬피 보며 마음이 무거워라　　　　　悵望千秋意萬重

　갈천에서 욕심 없고 덕으로 다스리던 순박한 세상을 떠올린다. 갈천 마을의 하늘을 의미하는 갈천(葛天)과 무회(無懷)는 도교와 관련 있는 인물들이다. 무회씨(無懷氏)는 도가(道家)에 나오는 성왕(聖王)들이다. 도연명의 『오류선생전』에 보면 "무회씨의 백성이런가? 갈천씨의 백성이런가?" 하는 구절이 나온다. 무회씨는 도덕으로 세상을 다스려 백성 모두 욕심 없이 편안했고, 갈천씨는 교화를 펴지 않아도 저절로 교화가 이루어져 천하가 태평했다고 한다. "무회씨와 갈천씨의 백성"이라 함은 욕심 없이 순박하게 살아가는 백성들을 의미한다.

◆3곡은 '산고월소(山高月小)'의 조대(釣臺)

3곡은 조대(釣臺)다. 운곡천 물줄기는 갈천을 지나 1.5km를 흘러 명호면소재지를 길게 휘감고 돌면서 드디어 낙동강 본류에 합류한다. 운곡천이 낙동강으로 흘러드는 곳에 걸린 도천교에서 오른쪽 물가에 눈길을 주면 맑은 물에 몸을 담그고 있는 큼직한 바위가 눈에 들어온다. 이곳은 깊은 소를 이루고 있어 낚싯대 드리우기도 좋은 곳이다. 낙동강에 안동댐이 들어서기 전인 수십 년 전까지만 해도 이곳으로 거슬러 올라오는 은어 떼가 있어 장관을 이뤘다고 한다. 조대가 바로 이곳이다.

삼곡이라 강가 누대 낚싯배에 오르니	三曲江臺上釣船
산고월소 새긴 글자 몇 년이 되었나	山高月小刻何年
회인의 글자를 찍어낼 사람이 없으니	無人拈出懷人字
칠리탄의 물소리가 더욱더 가련하네	七里灘聲更可憐

3곡 바위에는 봉성현감 정수연이 쓴 '산고월소(山高月小) 수락석출 (水落石出)'이라는 글자가 있었으나 너무 흐려서 볼 수 없었다고 노래한다. '산고월소 수락석출'은 '산이 높으니 달은 작게 보이고 강물이 줄어드니 돌이 드러나네'라는 의미다. 그런데 이런 고고한 정신을 지닌 사람을 다시 만날 수 없으니 여울 물소리도 가련하게 느껴졌던

것이다.

해은은 또 칠리탄(七里灘)을 노래한다. 중국 부춘산(富春山)에 있는
험한 여울인 칠리탄은 부귀영화를 뒤로한 은거의 상징이다. 후한의 엄
광(嚴光)이 소년 시절에 유수(劉秀)와 함께 공부했는데, 유수가 광무제
(光武帝)가 되자 이름을 바꾸고 은거하였다. 엄광의 어진 덕을 그리워
한 광무제가 그의 행방을 수소문했고, 마침내 신하들은 무더운 여름에
도 양의 가죽으로 만든 옷을 걸치고 동강(桐江) 여울에서 낚시를 하고
있던 그를 찾아냈다. 광무제는 관직을 주겠다고 그를 초빙했으나 엄광
은 끝내 출사하지 않고 부춘산 여울에서 낚시질하며 숨어살았다. 엄광
이 낚싯대 드리웠던 부춘산 여울은 칠리탄으로 불렸고, 엄광이 낚시하
던 곳이 조대(釣臺)라는 지명이 되었다.

4곡 백룡담(白龍潭)은 명호면 관창리에 있다. 조대를 지난 낙동강
물줄기는 바위 병풍을 휘돌며 흘러간다. 강물의 수량도 점점 많아진
다. 주변 풍광을 감탄하며 조대에서 6km 정도 내려오면 관창2교 직전
왼쪽으로 거뭇한 바위 벼랑이 눈길을 잡는다. 그 아래의 시퍼런 못이
바로 용이 살았다고 전해오는 백룡담이다.

사곡이라 백룡담은 양쪽 언덕 바위이니	四曲白龍兩岸巖
강에 꽃비 내리고 푸른빛을 드리웠네	滿江花雨碧毿毿
잠시 한번 씻어서 산의 얼굴 깨끗하니	須臾一洗山容淨
변화는 본래 백 길의 못에서 시작되네	變化元從百丈潭

강필효는 이 부근을 이렇게 설명한다.

4곡 백룡담. 용이 살았다는 곳이다.

백룡담은 조대 아래에 있다. 양쪽 언덕의 산이 모두 층층의 바위로 되어 있어 강물이 깊고 푸른데, 그 안에 용이 살고 있다. 일찍이 용이 비늘을 드러냈기 때문에 그렇게 말한 것이다.

◆5곡은 이황이 사랑한 청량산

5곡은 청량산(淸凉山)이다. 백룡담을 뒤로하고 낙동강 물길을 따라 3km 남짓 내려가면 청량산(淸凉山) 입구가 나온다. 이곳을 다섯째 굽이로 삼았다. 강필효는 이곳에서 청량산을 우러르며 퇴계 이황을 떠올렸다. 오가산(吾家山)은 이황이 이 청량산을 부르던 이름이었다.

오곡이라 청량산은 땅이 더욱 깊으니	五曲淸凉境益深
늘어선 봉우리들 숲과 같은 형세이네	群峰羅列勢如林
오가산 아래에 백운 마을 자리하니	吾家山下白雲塢
오랜 세월 거듭 찾아가 도심을 공부하리라	百載重尋講道心

강필효는 이 구절 뒤에 주석을 달아 "당나라 이발이 광려에 은거하며 이가산(李家山)이라 이름하였는데, 퇴계 선생이 청량산을 또한 오가산이라 일컬었다. 산에 백운암이 있는데 곧 퇴계 선생이 독서하던 곳이다. 오래도록 폐허가 되었는데 몇 해 전에 비로소 새로 지었다."라고 설명했다.

백운은 이황이 머물던 백운암을 일컫는다. 이황이 세상을 떠난 후에도 많은 사람들은 청량산의 백운암을 찾아 이황이 전해 준 도심(道心)을 공부했다. 이황이 전해 준 도심은 오랜 세월이 흘러도 그 향기가 사

5곡 청량산 입구 주변의 물굽이. 강필효는 이곳에서 퇴계 이황을 떠올리며 도심(道心)을 노래했다.

라지지 않고 여전히 전해 온다는 경외감을 표현하고 있다.

6곡 광평(廣坪)은 명호면 관창리에 위치하는데, 5곡 청량산에서 1.3km 정도 내려가면 낙동강 우측에 나오는 마을이다. 넓고 평평한 지형에 자리한 마을이라는 의미의 이름이다.

광평은 일명 박석(博石)이다. 퇴옹(退翁)이 일찍이 다른 해에 이 땅에 와서 그윽한 벗과 함께하며 작은 집을 짓고 깃들어 살면서 한가롭게 지내려 했다.

강필효가 이렇게 표현한 광평은 마을 이름이면서 지명이었다. 넓은 돌이 있어 박석이라고도 불리었다. 이곳은 이황이 은거하고 싶어하던 곳이다.

육곡이라 광평 푸른 굽이 둘러 있고	六曲廣坪繞碧灣
마을 연기 아득히 강의 관문 덮었어라	邨煙漠漠鎮江關
퇴옹께서 그날 시에 적으셨던 그런 뜻	退翁當日題詩意
구름 창에 한가롭게 깃들 마음 보노라	看取雲牕棲臥閒

강필효는 광평을 바라보며 퇴계 선생이 지은 시를 떠올렸다.

7곡 고산(孤山)은 광평에서 2㎞ 정도 내려가면 안동시 도산면 가송리에 이른다. 마을 쪽에 있는 작은 산이 고산이다. 그 건너편 강변에 금난수(1530~1604)가 은거하던 고산정이 있다. 전설에 의하면 낙동강이 산을 빙 돌아 흘렀는데, 어느 날 갑자기 천둥이 크게 치면서 벼락이 떨어져 산을 두 동강 내었다고 한다. 그래서 산과 산 사이로 강물이 흐르게 되고, 고산정 맞은편에 따로 고산이 형성되었다고 한다.

고산은 성재(惺齋) 금난수가 은거한 곳인데 퇴옹이 일찍이 '청량산 열두 봉우리 정상의 흥취가 고산의 한 작은 배에 가득 실렸네'라고 읊었고, 또 강가에 석문(石門)이 마주하기 때문에 회옹(晦翁)의 '석문오(石門烏)에서 신문(晨門)을 스스로 비웃네'라는 시구를 가져다 흥을 붙였다.

강필효가 칠곡시에 붙인 주석이다.

칠곡이라 고산은 맑은 여울 내려가니	七曲孤山下玉灘
석문에서 멍하니 다시 새벽문을 보노라	石門怳復晨門看
고인이 나에 앞서 은거할 곳 찾았는데	古人先我尋適軸
아침 내내 물에 임하니 초각이 차갑네	臨水終朝草閣寒

신문, 새벽문은 은자가 사는 곳을 말한다. 차가운 강물에 임해 있는 고산정에 은거했던 금난수의 고고한 기운을 느꼈던 것 같다.

8곡 월명담은 고산에서 1㎞ 정도 내려가면 강물이 크게 굽이도는 지점이다. 월명소(月明沼), 월명당(月明塘)이라고도 불렀다. 월명담의 아름다운 경치는 옛날부터 손꼽힐 정도였다.

강필효는 이곳에 대해 "월명담은 오뢰봉(五雷峯) 아래에 있다. 못이 깊고 모래가 희다. 잘 드러나지 않는 곳을 가서 보면 창주(滄洲)의 의취가 있다. 나의 친영(親塋)이 그 북쪽 기슭에 있기 때문에 분암(墳菴)을 지어서 돌아가 여생을 보내려 했다."고 적고 있다.

창주는 중국의 지명인데, 은사(隱士)의 거처를 의미한다.

팔곡이라 월명담은 지세가 열리고	八曲月明潭勢開
오뢰봉 아래로 물이 돌아 흘러가네	五雷峯下水巴回
낙일과 한화의 시구를 거듭 읊조리며	重吟落一寒花句
남은 삶 의탁하러 이 땅에 왔네	托意餘生此地來

9곡 면만우(綿蠻隅)는 월명담에서 강물을 따라 1.5㎞ 정도 내려가면 나오는 굽이다. 도산면 가송리에 속한다. 이곳에 학소대가 높이 솟아 있다. 강필효는 이 굽이를 9곡으로 설정했다. 더 나아가면 이황의 은거지인 도산에 이르게 되기 때문이다. 강필효의 설명이다.

월담 아래에 면만우라는 곳이 있는데, 산이 깊고 물이 돌아 흘러 그윽하고 빼어나서 은거할 만하다. 이곳을 지나면 도산의 형승(形勝)이 있다.

구곡이라 면만우는 지세가 날 듯하니	九曲綿蠻勢翼然
산기슭 우러러 보고 시내를 굽어보네	仰看岑蔚俯奔川
흥이 다해 노를 멈추니 산 빛 속이라	興闌停櫂山光裏
정상은 높아 넓은 하늘 찌를 듯하네	頂上嵓嶢浩浩天

문경 석문구곡

　석문구곡(石門九曲)은 문경시 산양면과 산북면에 있는 금천(錦川)과 대하천(大下川)을 따라 9㎞에 걸쳐 있다. 근품재(近品齋) 채헌(1715~1795)이 그 주인공 이다.

　태백산의 한 줄기가 뻗어나와 금학봉(金鷄峯)을 이루고, 이 맞은편에 석벽이 높이 솟은 산이 또 봉우리를 이룬다. 이 두 봉우리가 석문(石門)을 이루고 있다. 문경시 산북면 이곡리인 이곳 석문의 대하천 옆에 채헌이 정자 석문정(石門亭)을 짓고 머물면서, 대하천과 그 아래 금천의 아홉 굽이에 구곡을 정하고 '석문구곡' 이라는 이름을 붙였다. 『석문정집(石門亭集)』에 다음 과 같이 기록돼 있다.

　사는 곳에서 10리 정도 떨어진 지점에 석문동(石門洞)이 있 는데 양쪽의 언덕이 대치하여 높이 솟으니 자못 임천(林泉) 의 절승(絶勝)인지라, 그 곁에 정자를 짓고 석문(石門)이라 고 편액을 달았다. 이에 벗들을 맞이하고 손님을 초청해 샘

물 소리, 바위 빛깔 사이에서 노니니 훨훨 속세를 벗어나는 듯했다. 경전을 논하고 시를 읊조리며 헛된 날이 없었으니 모두 남주(南州)의 좋은 주인이라 하였다.

채헌은 1753년 생원시에 합격했으나 더 이상 과거시험에 연연하지 않고 자연에 묻혀 산 선비다. 청대(淸臺) 권상일(1679~1760) 문하에서 공부했다. 만년에 석문정을 짓고 석문구곡을 경영하며 「석문구곡가」를 지었다. 석문구곡가는 한글 가사로 된 「석문정구곡도가(石門亭九曲棹歌)」와 한시로 된 「석문구곡차무이도가운(石門九曲次武夷棹歌韻)」이 있다.

◆채헌이 18세기에 금천과 대하천에 설정한 구곡

석문구곡은 1곡 농청대(弄淸臺), 2곡 주암(舟巖), 3곡 우암대(友巖臺), 4곡 벽립암(壁立巖), 5곡 구룡판(九龍板), 6곡 반정(潘亭), 7곡 광탄(廣灘), 8곡 아천(鵝川), 9곡 석문정(石門亭)이다.

1곡 농청대는 문경시 산양면사무소에서 금천을 따라 500m 정도 올라간 곳이다. 지금은 정자 농청정(弄淸亭)이 자리하고 있다. 농청대는 권상일이 장수(藏修)하던 장소였다. 권상일의 '존도서와기'에 농청대와 존도서와(存道書窩) 건립에 대한 내용이 기록돼 있다.

존도리 동쪽으로 수백 보 지점에 대(臺)가 있는데 농청(弄淸)이라 하였다. 대체로 누가 이름을 지었는지 알지 못하고 옛날부터 이름이 전해왔다. 농청대 아래에 맑은 내가 있는데, 그 원두가 대미산(岱眉山)에서 나와 10여 리를 흘러들어 이곳에 이르러 물이 고여 못을 이룬다. 또 남쪽으로 푸른 들판 바깥을 흘러서 낙동강에 들어간다. 농청대 위에는 작은 산이 있는데 월방산의 한 줄기가 남쪽으로 내려오다 동쪽으로 돌아 내에 이르러 멈춘다. 푸른 바위가 둘러 있는 것이 집의 담장 모양 같은데 오직 동남의 두 면은 물에 임해 두절되었다. 위는 평평하며 30여 명이 함께 앉을 수 있으니 바로 농청대이다. 우측 곁에 층암(層巖)이 높다랗게 우뚝 솟아 가장 웅장하고 기이하다.

기미년(1739) 가을에 재료를 모아 건축을 시작해 다음 해 늦은 봄에 공사를 마쳤다. 뒤 칸은 실(室)이고 앞 칸은 헌(軒)인데 합하여 삼 칸이다. 재(齋)는 졸수(拙修)라 하고, 헌은 한계(寒溪)라 하였다. 통괄해 존도서와(存道書窩)라 이름을 지었다. 날마다 그 가운데 기거하고 도서를 좌우에 배치해 정신과 심성을 기르니 이곳에서 여생을 보낼 만했다. 세상의 어떤 즐거움이 이보다 나을 수 있다는 것을 알지 못하겠다.

졸수재가 높아 달을 가장 많이 들이는데, 때로 작은 구름이 모두 사라지면 날씨가 맑고 밝아 달빛이 집에 가득히 비친다. 일어나 멀리 바라보면 시내의 여울이 환히 밝고 들판이 멀리 트이며 동남쪽의 이어진 산들이 안개와 이내 속에 은연히 비치니, 아득한 가운데 깨닫지 못하는 사이에 기쁘고 상쾌하며 경치와 마음이 합하는 듯했다. 그 즐거움을 말로써 형용하여 사람들에게 알려줄 수는 없다.

존도서와는 1808년 화재로 소실되고 '존도서와' 편액만 남았다. 후인들이 1863년에 다시 지었고, 지금 농청대는 이 건물을 보수한 것이다. 보수하면서 '농청정' 편액을 단 것으로 보인다.

일곡이라 학해선으로 거슬러 오르니	一曲溯洄學海船
청대의 수척한 대나무 앞내에 비친다	清臺瘦竹映前川
선생이 가신 후 완상하는 이 없으니	先生去後無人弄
태고암 머리에 저문 안개 드리우네	太古巖頭銷暮煙

스승 권상일이 별세한 후 대나무 앞을 흐르는 맑은 물을 완상하는 이 없음을 노래하고 있다.

◆배 모양의 바위 주암이 2곡

2곡은 주암이다. 1곡에서 1.6㎞ 정도 올라가면 현리(縣里) 마을이 나온다. 이 마을 앞을 흐르는 금천 한쪽에 부벽(浮碧)이 있고, 다른 한쪽에 주암(舟巖)이 자리하고 있다. 채헌이 살던 당시와는 달리, 현재는 부벽 앞으로 물길이 흐르고 주암 앞은 논밭으로 변했다. 물길이 변한 것이다. 주암과 금천 사이에는 하천 둑이 가로막고 있다.

부벽에는 현재 경체정(景棣亭)이 자리하고 있다. 경체정은 채성우를 비롯해 그 7형제를 기려 손자 부자(父子)가 지은 정자다. 1935년에 현리에 처음 지었으나 1971년 지금의 위치로 옮겼다고 한다.

주암은 현리에서 현리교를 건너 왼쪽으로 300m 정도 들어가면 나오는데, 마을(문경시 산북면 서중리) 옆에 있다. 이름 그대로 배 모양의 바위로, 바위 위에 주암정(舟巖亭)이 세워져 있다.

이 정자는 주암(舟巖) 채익하(1573~1615)를 기리기 위해 후손들이 1944년에 건립했다. 정자는 배 모양의 바위 위에 선실(船室)처럼 지어졌다. 후손 채홍탁이 지은 「주암정기」에 주암정 건립 내력이 나와 있다.

> 웅연(熊淵) 남쪽에 큰 바위가 있어 형상이 배와 같은데 벼랑을 다듬어 길게 매어 놓았다. 옛날에 우리 선조 상사(上舍) 부군(府君)이 일찍이 시내를 거슬러 오르며 노닐고 즐기면서 시를 지어 자신의 마음을 담았다. 이로 인해 주암으로 이름

석문구곡 중 2곡인 주암(배 모양 바위). 현재는 물길이 바뀌어 주암 앞으로 금천이 흐르지 않는
다. 주암 위에는 1944년 주암(舟巖) 채익하를 기려 세운 주암정이 자리하고 있다. 주암 앞에는 연
못이 조성돼 있다.

255

을 지었으나 뜻을 이루지 못하고 일찍 별세하셨다. 그 후 이 바위를 지나며 노닐던 사람들 모두 갔지만 이름은 남게 되었다.

(중략) 임오년 3월에 일을 시작해 9월에 공사를 마쳤다. 그때의 형편에 따라 짓다 보니 그렇게 되었다. 취중에 마음에 들지 않는다고 하는 이가 있으나 난간에 기대 바라보면 천주봉(天柱峯)이 북쪽에 솟아 있어 완연히 만 길의 베를 걸어놓은 듯하다. 금강(錦江)이 남쪽으로 흘러들며 의연히 한 세대의 금람(錦纜)을 모은다. 기타 자연의 아름다움은 안개가 드리운 경관이 눈앞에 펼쳐지는 것이니, 우리 집안에 전해지는 도를 위한 이름난 구역이 되기에 충분하다.

주암정 앞에는 연못이 있는데 최근 주암정을 보수하면서 조성한 것이다. 정자와 어우러져 멋진 풍광을 선사한다. 주암정은 팔작지붕에 두 칸의 방과 한 칸의 마루로 되어 있다.

이곡이라 동쪽에 일월봉이 솟아있고	二曲東亞日月峯
두 바위 물을 베니 형제의 모습이네	雙巖枕水弟兄容
정자 앞 부벽은 천 년이나 되었고	亭前浮碧千年久
대숲을 바라보니 푸르름이 몇 겹인가	望裏竹林翠幾重

3곡 우암대는 현리에서 현리교를 건너 오른쪽으로 작은 길을 따라 400m 정도 가면 나온다. 금천 왼쪽 야산 아래에 있다. 우암대 위에는 정자 우암정(友巖亭)이 있다. 우암정은 1801년에 창건됐다. 우암(友巖) 채덕동이 선조인 채유부(蔡有孚)를 기리기 위해 건립했다. 채덕동은 형제간 우애가 각별했고, 부유하면서도 검소하였으며 많은 선비들과 사귀었다.

우암정 뒤쪽에 바위가 솟아있는데, 바위에 '우암채공 장수지소(友巖

蔡公 藏修之所)'라고 새겨져 있다. 우암 채덕동이 은거한 곳이라는 의미다. 우암대 앞으로 금천이 흘렀을 것이나, 지금은 주암과 마찬가지로 금천 둑에 막혀 물길이 이르지 않고 있다.

산양천이 적성산의 남쪽에서 나와 남쪽으로 나아가 옛날 추향(樞鄕)인 권 선생의 청대(淸臺)가 되었다. 청대로부터 위로 5리 지점에 수풀과 암석으로 이루어진 승경이 있다. 인천(仁川) 채군상(蔡君尙) 옹이 그 위에 정자를 지었다. 내가 금년 봄에 한번 올라가니 정자의 좌우는 모두 푸른 바위이고 앞은 시냇물이 있어, 맑은 물이 급하게 흐르는 소리가 자주 난간에 들려왔다. 시내 밖에는 밝고 맑은 모래이다. 고요한 별장인데, 별장이 자리하는 옛 현은 아침저녁에 연기 꽃과 시내 아지랑이가 숲의 푸르름과 어우러져 마치 한 폭의 그림과 같았다.

정상관(鄭象觀)이 지은 「우암정기」에 있는 내용이다.
3곡시는 다음과 같다.

삼곡이라 여울가에 저문 배가 걸리니	三曲灘頭倚暮船
우암대 몇 천 년이 되었는가	友岩臺古幾千年
우뚝 솟은 화주(華柱) 모래 가에 서 있고	亭亭華柱沙頭立
염바위 바라보니 다만 절로 어여쁘네	回首濂巖只自憐

화주는 화수헌이라는 집인데 지금은 없다.
4곡 벽립암은 금천 가의 바위 벼랑이 맑고 많은 물과 어울려 아름다운 풍광을 자랑했다. 근래 농지 정리 과정에서 바위가 많이 제거돼 옛 모습을 적지 않게 잃어버렸다.

사곡이라 솟아 있는 푸른 바위 벼랑에 　　　　　四曲蒼蒼壁立岩

바위 이끼 이슬을 머금어 푸르게 드리우네 　　　岩苔含露翠䰐䰐

높다랗게 보이는 형체를 아는 이 없고 　　　　　高見形體無人識

넓고 넓은 뒷내에는 물이 가득할 뿐 　　　　　汪汪後川只滿潭

5곡 구룡판은 마을 이름이다. 문경시 산북면 약석리 마을이다. 마을 표지석에 '구룡판'이라고 표기돼 있다. 마을 뒷산 봉우리가 아홉 마리 용이 서로 다투어 승천하려는 형상을 하고 있는 형세이고, 그 산기슭에 평평한 곳이 있어 붙여진 이름이다. 임진왜란 때 명나라 장수 이여송이 이 마을을 지나다가 산세를 보고 큰 인물이 날 지세라고 하면서 산혈(山穴)을 끊어버렸다고 한다. 그래서 흙의 색깔도 붉게 되고 산 고개도 잘록해졌다고 전한다.

5곡이라 시냇가에 길이 돌아 깊고 　　　　　　五曲溪邊路轉深

구룡판 아래는 버드나무 숲을 이루네 　　　　　九龍板下柳成林

숲 사이 그윽한 흥취 누가 아는가 　　　　　　林間幽趣誰能會

한 곡조 뱃노래에 객의 마음 상쾌하네 　　　　一曲棹歌爽客心

6곡 반정의 정확한 위치는 확인되지 않고 있다. 6곡시는 다음과 같다.

육곡이라 반정에 물굽이 둘러 있고 　　　　　　六曲潘亭一帶灣

흰 구름 깊은 곳에 동문이 닫혀 있네 　　　　　白雲深處洞門關

비파산 풀 푸르고 강가의 꽃 떨어지며 　　　　　琵山草綠紅花落

황새가 우니 봄뜻이 한가롭다 　　　　　　　　黃鳥綿蠻春意閒

7곡 광탄은 두 줄기 물길이 만나 넓은 여울을 만드는 지점이라 광탄이라고 이름을 지었다. 광탄은 석문정에서 내려오는 대하천과 화장골에서 내려오는 동로천이 만나 넓은 여울을 이루는 지점이다.

칠곡이라 배를 저어 광탄에 오르며	七曲行舟上廣灘
다시금 가유서숙을 되돌아 보노라	嘉猷書塾更回看
안타까워라 밤비가 봉산을 지나가니	却憐夜雨蓬山過
활수의 원두에 찬 물이 불어나네	活水源頭添一寒

8곡 아천은 아천교 주변이다.

팔곡이라 아천은 돌길이 열리고	八曲鵝川石路開
세심대 아래로 물이 돌아 흐르네	洗心臺下水縈回
나루에서 복사꽃 줍는 일 말하지 마라	渡頭不說桃花網
나들이객들 진처 찾아 물 따라 오리니	遊客尋眞逐水來

◆채헌이 많은 시를 남긴 9곡 석문정

9곡은 석문정이다. 석문(石門)은 석문정 옆의 시내 양쪽에 바위 벼랑이 솟아 있어 문을 이루고 있기 때문에 붙여진 이름이다. 석문을 지나면 넓은 들판이 펼쳐진다. 조금 더 올라가면 김룡사와 대승사가 나온다. 채헌은 석문 옆에 석문정을 짓고 이곳에서 시문을 짓고 풍류도 즐겼다.

채헌은 주변 경관이 아름다운 석문정에 노닐며 한글 가사(歌辭)로 읊은 「석문정가(石門亭歌)」를 짓고, 12수의 한시로 된 「석문정십이경

석문구곡 마지막 굽이 9곡인 석문. 왼쪽 숲속에 채헌이 건립해 애용하던 정자 석문정이 있다.

(石門亭十二景)」을 짓기도 했다.

지금 석문정에는 채헌이 한글로 지은 석문구곡도가를 새긴 현판과 석문정기 현판 등이 걸려 있다.

구곡이라 석문에 길이 확 열리며	九曲石門道豁然
광풍과 제월이 청천에 가득하네	光風霽月滿晴川
등한히 꽃을 찾는 길 알아내니	等閒識得尋芳路
연비어약 모두 이 동천이어라	飛躍鳶魚摠是天

채헌은 9곡을 속세를 떠난 별천지로 표현하며, 선비가 지향하는 이상세계가 펼쳐지는 곳으로 노래하고 있다. 솔개가 날고 물고기가 뛴다는 연비어약은 천지 만물은 자연의 바탕에 따라 움직여 저절로 그 즐

9곡에 있는 정자 석문정.

거움을 얻음을 상징한다. 이는 곧 도(道)는 천지에 가득차 있음을 뜻한
다. 『시경(詩經)』에 "솔개는 날아서 하늘에 이르고 고기는 연못에서 뛰
어 오른다(鳶飛戾天 魚躍于淵)"는 구절이 나온다.

　　한시 「석문정십이경」 중 '석문정'과 '석문'을 읊은 시다.

일대의 십 리 시내와 산이 기이하여	一帶溪山十里奇
반생 동안 오고 가니 기대하는 바에 합하네	半生往來契心期
지금에야 머물던 자리 장식하고	于今粧點盤旋地
천석정 앞에서 생각한 바를 위로하네	泉石亭前慰所思
두 봉우리 높이 솟고 한 시내 달리니	兩峯岌業一川奔
뾰족한 산 하늘에 닿고 돌은 문을 이루네	箭括通天石作門
조물주가 조화의 도끼로 만들지 않았다면	不是天公裁化斧
또한 응당 우 임금 산을 이끈 흔적이네	也應大禹導山痕

괴산 갈은구곡

　갈은구곡(葛隱九曲)은 충북 괴산군 칠성면 갈은(갈
론)마을을 지나 속리산 옥녀봉을 향하는 계곡인 갈은
계곡을 따라 설정된 구곡이다. 구곡이 설정된 구간은
2㎞ 정도 된다. 이 구곡도 선유구곡처럼 신선들이 노
닐 만한, 맑고 아름다운 경관을 자랑하는 계곡이다.
괴산댐으로 생긴 괴산호 옆을 따라 이 구곡으로 들어
가는 길에서 보는 풍광도 멋지다.

　갈은(葛隱)은 '칡넝쿨 우거진 산속에 숨어 산다', '칡
뿌리를 먹으며 은둔한다' 등의 의미로 해석된다. 갈은
구곡은 갈천정, 강선대, 칠학동천, 선국암 등 신선과
관련된 곡명이 많은데 흰 바위와 맑은 물, 우거진 숲
이 어우러져 신선이 사는 계곡이라 할 만하다. '갈은'
은 속세를 벗어난 이상향에 대한 염원도 담고 있을 것
이다.

　갈은구곡을 설정해 경영한 주인공은 전덕호(全德
浩)다. 전덕호(1844~1922)는 괴산읍 대덕리에서 태어
나 통정대부(通政大夫) 중군(中軍), 중추원(中樞院) 의

관(議官) 등을 역임했던 인물이다. 그는 사람도 신선처럼 살 수 있다고 생각하며, 신선이 머물 만큼 아름다운 갈은구곡에서 신선처럼 살고자 했던 모양이다.

갈은구곡은 1곡 장암석실(場嵒石室), 2곡 갈천정(葛天亭), 3곡 강선대(降僊臺), 4곡 옥류벽(玉溜壁), 5곡 금병(錦屏), 6곡 구암(龜嵒), 7곡 고송유수재(古松流水齋), 8곡 칠학동천(七鶴洞天), 9곡 선국암(仙局嵒)이다.

◆전덕호가 이상향 꿈꾸며 설정

갈은구곡은 갈은동문(葛隱洞門)에서 시작한다. 갈은마을에서 계곡 옆길을 따라 1㎞ 정도 가면 오른쪽으로 길고 높은 바위절벽이 나타난다. 절벽 위에 바위가 하나 우뚝 솟아있고, 아래 부분에 '갈은동문'이 새겨져 있다. 동문(洞門)은 신선이 살 정도로 그윽하고 운치 있는 계곡인 동천(洞天)으로 들어가는 문을 뜻한다. 갈은동문은 갈은구곡의 선계(仙界)로 들어가는 입구에 있는 문이라는 의미다.

이곳을 지나 계곡을 따라 아홉 개의 굽이를 설정해 이름을 붙이고, 굽이마다 바위에 그 이름을 새겨 넣었다. 그리고 굽이를 읊은 한시도 새겨 놓았다.

1곡 장암석실은 갈은동문을 지나 조금 올라가면 오른쪽 숲속에 보이는 커다란 바위이다. 이 바위에 작은 석실이 있어 정한 이름이다. 암벽 가운데 '장암석실'이 새겨져 있다. 그리고 갈은동문 쪽 암벽 안쪽에 구곡시가 새겨져 있다. 구곡시를 새긴 암벽 아래가 마치 집과 같다고 해서 집바위라고 부르기도 한다.

겨울에는 따뜻하고 여름은 시원하네	冬宜溫奧夏宜凉
태고의 자연과 이웃하니 즐겁기만 하구나	與古爲隣是接芳
흰 암반은 평평하고 둥글어 채소밭을 이루고	白石平圓成築圃
청산은 겹겹이 높이 솟아 담장으로 둘러있네	青山重巒繞垣廧

2곡 갈천정은 장암석실 맞은편 계곡 건너에 있는 큰 바위이다. 바위 위쪽에 '갈천정'이 새겨져 있다. 갈천정 각자 바로 아래 '전덕호(全德浩)'라는 이름과 한시가 새겨져 있다.

갈천(葛天)은 중국의 상고시대 임금 중 도덕으로 선정을 펼친 갈천씨(葛天氏)를 말한다. 갈천씨가 다스리던 시절에는 말하지 않아도 사람들이 믿었고, 교화하지 않아도 잘 실천했다고 한다. 욕심 없고 순박한 사람들을 갈천씨지민(葛天氏之民)이라고 한다. 이런 사람들이 사는 이상향에 대한 꿈이 서려 있는 곳이라 하겠다.

햇살은 청산 너머로 저물어가고	日氣青山暮
해가 갈수록 백발이 늘어만 가누나	年光白髮新
오래도록 몇몇 군자들과 함께	永從數君子
갈천씨의 백성이 되고파라	同作葛天民

3곡은 신선이 내려와 놀던 강선대다. 갈천정에서 조금 올라가면 두 물길이 합쳐지는데, 왼쪽 물길 쪽을 보면 3층으로 쌓인 커다란 암벽이 보인다. 그 주변 물굽이가 강선대다. 바위 절벽과 맑은 물이 어우러진, 아름다운 풍광을 선사한다. 바위벽에 행서체로 '강선대'가 새겨져 있다. 그 아래에는 구곡시가 새겨져 있다.

황당하다고 해야 할까 진짜라고 해야 할까　　　　　不是荒唐不是眞
이 세상에 신선을 본 사람이 몇이나 될까　　　　　世人能幾見仙人
참으로 이상하게 이곳에 오는 사람들 모두　　　　　却怪令人來到此
가슴속 상쾌해져 저절로 속된 마음 사라지네　　　　胸襟洒落自無塵

강선대 쪽이 아닌, 다른 계곡의 물길을 따라 1㎞ 정도 올라가면 제4
곡 옥류벽이 나온다. 옥 같은 물방울이 흘러내리는 벽이라는 뜻이다.
마치 시루떡을 층층이 쌓아놓은 듯한 절벽이다. 절벽 앞으로 맑은 물
이 흘러가며 작은 못을 이룬다. 절벽 위쪽에 '옥류벽'이 전서로 새겨져
있고, 그 옆에 구곡시가 새겨져 있다.

용은 단약 솥에 엎드리고 거북은 연꽃 위에 올라간다네　　　龍伏鼎丹龜上蓮
참말로 신선 되어 오르기는 어렵구나　　　　　　　　　　眞難驟得挾飛仙
절벽 사이 방울방울 흐르는 물 경장수니　　　　　　　　　壁間滴滴瓊漿水
오래도록 먹으면 장수할 수 있다네　　　　　　　　　　　久服知應可引秊

◆굽이마다 명칭과 구곡시 새겨

비단 같은 병풍바위라는 의미의 5곡 금병은 옥류벽 조금 위에 있다.
황갈색 바위벽에 물빛에 반사된 햇볕이 닿으면 그야말로 비단처럼 보
인다는 곳이다. 바위 벽에 '금병'이 전서로 새겨져 있고, 그 왼쪽에 세
로로 길게 시가 새겨져 있다.

온갖 꽃 무성하고 햇빛 붉게 비치니　　　　　　　　百花叢薄日烘蒸
오색가사 등에 걸친 중이어라　　　　　　　　　　五色袈裟背着僧

4곡 옥류벽 풍경.

| 층층이 쌓인 바위 금병의 그림자 어떠한가 | 何如錦屛層嶽影 |
| 차가운 연못에 거꾸로 비치니 푸르고 맑도다 | 倒入寒潭暎碧澄 |

6곡 거북바위 구암은 금병에서 50m 정도 올라가면 나온다. 암벽에 '구암'이라는 전서 각자와 7언절구 시구가 새겨져 있다.

오래 묵은 거북이 샘물을 들이켰다 내뿜었다 하며	老龜噴吸百泉寒
구슬 모양으로 오므렸다 폈다 하여 멀리에서나 가까이에서도 볼 수 있네	
	伸縮珠形遠近看
한 번 석문이 우레에 맞아 부서진 이후로	一自石門雷破後
이 영산을 잘 아끼고 지켜주지 못했다네	未能慳守此靈山

7곡 고송유수재 풍경. 왼쪽 암벽에 '고송유수재(古松流水齋)' 등의 글씨가 새겨져 있고, 그 건너편 위에는 정자터가 남아있다. 7곡 바로 위에 8곡 칠학동천이 있다.

7곡 고송유수재는 U 자형을 이룬 바위지대 가운데로 계류가 흐르는 곳이다. 한쪽 바위벽에 '고송유수재', '갈은동(葛隱洞)' 글자가 음각되어 있다. 그 오른쪽 벽에는 소설 『임꺽정』의 작가 홍명희의 조부이자 이조참관을 지낸 홍승목(洪承穆), 구한말 국어학자 이능화의 아버지이자 이조참의를 지낸 이원극(李源棘) 등의 이름이 새겨져 있다. 그 맞은편에는 정자터가 남아있다.

노송 아래로 흐르는 물가에 지은 집이라는 뜻의 고송유수재 굽이는 갈은구곡 중 경치가 가장 좋은 곳으로 꼽힌다. 구곡시는 '고송유수재' 각자 옆에 새겨져 있다.

일찍이 학은 여기에 아름다운 곳이 있는 줄 어떻게 알았을까	鶴觀何曾在此中
다만 나의 취미는 학과 같다네	但從趣味與之同
바둑판 하나 새기고 한 칸 집 지어 놓고	一局紋楸一間屋
두 늙은이 기쁜 마음으로 마주 앉았네	欣然相對兩衰翁

8곡 칠학동천은 7곡 바로 위에 있다. 일곱 마리 학이 살았다는 공간이다. 흰 사각 바위에 '칠학동천'이 해서체로 새겨져 있다.

여기에 일찍이 일곱 마리 학이 살았다 하나	此地曾巢七鶴云
학은 날아가 보이지 않고 구름만 떠가네	鶴飛不見但看雲
지금 달 밝고 산은 공허한 밤인데	至今月朗山空夜
이슬 싫어하는 학의 소리 들리는 듯하누나	警露寒聲若有聞

9곡 선국암은 칠학동천 바로 위에 보이는 평평하고 커다란 바위다. 신선이 바둑을 두던 바위라는 선국암 위에는 바둑판이 새겨져 있다.

9곡 선국암과 위에 새겨져 있는 바둑판 모습.

바둑돌을 넣어두는 홈도 두 개 파져 있다. 바둑판 네 귀퉁이에는 '사노동경(四老同庚)'이라는 글자가 한 자씩 새겨져 있다. 그리고 바위 옆면에는 '선국암'이라는 글씨와 구곡시, 그리고 네 사람의 이름(전덕호 경인국 홍승섭 이건익)이 새겨져 있다.

옥녀봉 산마루에 해는 저물어 가는데   玉女峰頭日欲斜
바둑 아직 끝내지 못하고 각자 집으로 돌아가네   殘棋未了各歸家
다음 날 아침 생각나 다시 찾아와 보니   明朝有意重來見
바둑알 알알이 꽃 되어 돌 위에 피었네   黑白都爲石上花

이 선국암에서는 2015년 9월 19일 프로기사인 김인 9단과 유창혁 9단이 특별 대국을 벌이기도 했다. 이 대국은 선국암을 널리 알리기 위해 괴산군과 괴산군체육회가 공동 주최하고 괴산군바둑협회와 대한바둑협회가 주관하는 '제1회 괴산 선국암 바둑 한마당'의 이벤트로 열렸다.

성주 포천구곡

　성주 포천구곡(布川九曲)은 응와(凝窩) 이원조 (1792~1871)가 성주군 가천면 화죽천에 설정한 구곡 이다. 이원조의 학통은 입재 정종로와 정종로의 스승 인 대산 이상정, 그리고 더 거슬러 올라가면 퇴계 이 황으로 연결된다.

　이원조는 18세에 문과에 급제해 권지승문원 부정 자로 벼슬을 시작한다. 그 후 강릉대도호부사, 제주목 사, 경주부윤 등 지방 수령을 지내며 민생 안정과 백 성의 삶을 풍요롭게 하는 데 상당한 치적을 남겼다. 만년에 경주부윤을 그만두고 가야산 아래 만귀정을 짓고 은거하며 지내다가 생을 마쳤다.

　그는 만귀정 은거와 관련해 다음과 같이 이야기했 다. 『응와선생문집』에 나오는 내용이다.

　나는 일찍이 벼슬길에 나갔으나 재주가 적고 능력이 많지 않았다. 스스로 많은 사람들이 달려가는 곳을 잘 살펴서 매 번 머리를 숙이고 한 걸음을 물러날 줄 알아 감히 명예를 다투고 이익을 취하는 계책을 세우지 않았다. 그러나 요행히 벼슬에 나아가 당상관의 품계와 지방관의 관직에 이르니 이미 분수에 넘치고, 나이가 너무 많아 모든 방면에서 가진 뜻이 권태로워 산수의 사이에 소박한 집을 지어 여생을 보내고자 했다. 마침내 쌍계(雙溪)를 버리고 포천에 들어가니 그 출처(出處)에 한결같이 머리를 숙이고 걸음을 물려서 사람과 다투고자 하지 않았다. 그러나 그 가운데 사람들이 맛보지 못하는 것을 맛보니, 얕은 것이 깊은 것 못지않고 작은 것이 큰 것 못지않은데, 하물며 그 산의 그윽함과 물의 청정함과 돌의 기이함이 뒤지지 않거나 더 나음에 있어서랴.

그는 일찍 벼슬길로 들어서 여러 관직을 맡으며 승진도 했으나 세속적인 명성과 이익을 탐하는 데 빠지지 않았다. 그는 63년 동안 벼슬하면서도 항상 나아가기를 어렵게 여기고 물러나기를 쉽게 여기는 마음자세를 지녔다. 모범적인 학자 관료의 전형을 보여준 인물이라 할 수 있다.

◆ 이원조가 주자를 본받아 가야산 계곡에 설정한 포천구곡

이원조는 비록 벼슬길에 올랐으나 자신의 본령은 학문에 있음을 늘 자각하고 있었다. 그래서 언젠가 자신이 좋아하는 자연으로 돌아가 학문과 더불어 생을 마감할 생각을 잊지 않았다. 그랬던 그는 오랜 준비기간을 거쳐 1851년 마침내 가야산 북쪽 포천계곡 상류에 만귀정을 짓고 은거했다.

이원조는 이렇게 남들이 맛보지 못한 것을 맛본 포천에 주자를 사모하는 마음으로 포천구곡을 설정하고 경영했다. 그가 설정한 구곡의 명칭은 1곡 법림교(法林橋), 2곡 조연(槽淵), 3곡 구로동(九老洞), 4곡 포

포천구곡을 그린 〈포천구곡도〉 중 제1곡(오른쪽)과 제2곡.

천(布川), 5곡 당폭(堂瀑), 6곡 사연(沙淵), 7곡 석탑동(石塔洞), 8곡 반선대(盤旋臺), 9곡 홍개동(洪開洞)이다.

그는 「제무이도지후(題武夷圖誌後)」라는 글에서 다음과 같이 이야기했다.

무이산은 천하의 명산이다. 주자를 사모하는 사람들이 그 시를 많이 화운(和韻)하고 그 땅을 그림으로 그리고, 또 글로 기록했다. 내가 일찍이 수도산(修道山)에 정자를 지어서 망령되이 고인을 사모하는 뜻을 두고 구곡을 모방하려고 구곡시에 화운하였다.

이원조는 이처럼 다른 많은 선비들처럼 주자의 무이구곡을 따라 가야산 포천계곡에 포천구곡을 설정하고 경영하면서 「포천구곡시」

를 짓고 〈포천구곡도〉를 그렸다. 그리고 「포천구곡가」를 비롯해 제 자들과 함께 만귀정의 풍경을 읊은 시 등을 수록한 『포천지』를 남겼다. 포천구곡도 그림을 그려 엮은 『포천도지(布川圖誌)』도 남겼다. 또한 무이구곡도와 함께 무이구곡과 관련 있는 선인(先人)들의 글을 엮어 『무이도지』를 만들기도 했다. 이황, 정구, 정종로가 쓴 무이구곡 차운시, 이상정의 구곡도 발문 등을 실었다.

◆ 이원조의 「포천구곡시」

이원조의 포천구곡시 「포천구곡차무이도가」는 다음의 서시로 시작된다.

가야산 위에 선령이 자리하고 있어	伽倻山上有仙靈
산은 절로 깊고 물은 절로 맑다	山自深幽水自淸
산 밖에 노니는 지팡이 이르지 않아	山外遊筇曾未倒
달은 밝고 생학 소리만 들을 뿐이네	月明笙鶴但聞聲

1곡은 법림교다. 이원조는 「포천산수기」에서 법림교에 대해 다음과 같이 기록했다.

고을에서 30리쯤 가면 장산(獐山)에 이르는데 위쪽에서 나뉜 물이 다시 합쳐지는 곳으로, 하류에는 한강대와 봉비암이 있으니 바라보면 마치 그림과 같다. 장산에서부터 계곡을 따라 올라가면 법림교에 이른다. 이곳이 산으로 들어가는 제 1곡이다. 법림교 동쪽 수 리쯤에 아전리(牙田里)가 있는데 시내가 사현(沙峴)에서부터 내려와 폭포가 되니 매우 기이하다. 내가 처음에는 그 위에 정자를 지으려고 하였으나 좁아서 그만두었다. 법림교 서쪽으로 시냇물 따라 길이 있으니, 포천계곡으로 들어가는 입구이다.

일곡이라 모래 여울 배 띄울 수 없고	一曲沙灘不用船
법림교 아래서 맑은 시내 시작되네	法林橋下始淸川
유인이 이곳에 원두를 찾아가는데	遊人自此尋源去
골짜기 가득한 무지갯빛 저녁연기 끄네	萬壑虹光拖夕烟

법림교를 읊고 있다. 배를 띄울 수 있는 계곡은 아니다. 하지만 그것이 문제가 되지는 않는다. 배를 타고 산수를 구경하며 유람하는 것이 목적이 아니라, 도를 찾아 떠나는 것이기 때문이다. 원(源)은 원두(源頭)를 말하는데, 주자의 시 「관서유감(觀書有感)」에 나오는 표현으로 샘의 원천, 도의 원천을 의미한다.

길을 나서며 앞을 바라보는데 골짜기에 무지갯빛 저녁 안개가 덮여 있다고 표현한 것은 도의 세상으로 들어가는 것을 의미한다.

현재도 1곡 지점에는 다리가 놓여 있으나 다리 이름은 법림교가 아니라 아전촌교이다. 근처에 아전촌이 있다. 하지만 1곡 아래에 법림동이 있어 과거에는 다리 이름을 법림교라 한 까닭을 알 수 있다.

아전촌교 아래로 흐르는 시내가 화죽천이다. 화죽천은 증산에서 발원해 동남으로 흐르면서 포천계곡을 관통하는데 이 굽이에 이르러 아름다운 풍광을 이룬다. 화죽천은 이 굽이를 지나서 대가천에 흘러든다.

이곡이라 조연 가엔 봉우리 솟아 있고	二曲槽淵淵上峰
봉우리 위에 선 돌은 신선의 모습이네	峰頭石立羽人容
동문(洞門)의 한 길은 그야말로 실과 같은데	洞門一逕纔如線
물과 산이 돌아가니 푸르름 몇 겹인가	水復山回翠幾重

2곡 조연이다. 2곡에 대해 이원조가 기록한 내용을 보면 그 모습을 상상할 수 있다.

제2곡을 조연이라 한다. 돌이 파인 것이 구유와 같고, 물이 맑은 것이 구슬과 같다. 피라미가 오가며 헤엄을 치는데 사람을 보고도 놀라지 않는다.

1곡에서 500m 정도 물길을 따라 올라가면 2곡이다. 지금은 지형이 변해 구유 모양을 한 못을 쉽게 찾을 수는 없다.

삼곡이라 고인 물가에 돌배가 걸리고	三曲渟匯架石船
시냇가 늙은 나무 나이를 알지 못하네	溪邊老木不知年
당시 놀던 아홉 노인이 새긴 제명 남아	當時九老題名在
선배가 가졌던 풍류 후배도 사랑하네	前輩風流後輩憐

3곡은 구로동이다. 조연에서 600m 정도 올라가면 나온다. '구로동(九老洞)'이라는 글자가 남아 있어 확인할 수 있다.

제3곡을 구로동이라 한다. 하얀 돌이 반타석(盤陀石)을 이루고, 고목이 그 위에 그늘을 드리운다. 옛날 향로(鄕老) 9명이 함께 노닐고는 돌에 새겨 기록했다.

이원조의 「포천산수기」에 나오는 내용인데, 선배 아홉 노인의 풍류를 자신도 계승하겠다고 노래하고 있다.

◆ 베를 말리는 듯한 4곡 포천

사곡이라 물속에 우뚝 솟은 바위	四曲亭亭出水巖
꼭대기 가득 꽃나무 거꾸로 늘어졌네	滿嶺花木倒鬐鬐
반타석 표면이 길게 베 씻어 놓은 듯한데	盤陀一面長如洗
경실과 요대는 무른 못을 내려다보네	瓊室瑤臺頻碧潭

3곡 위로 700m 정도 거슬러 오르면 4곡 포천이 나온다. 계곡 바위가 2단으로 자리하고 있어 그 위로 시냇물이 흘러내리면 마치 베를 걸어놓은 듯한 모습이다.

제4곡을 포천이라 한다. 돌 위에 물무늬가 있는데 짙은 푸른빛의 물이 베를 말리는 듯하고, 그 끝을 볼 수 없지만 이따금 돌을 만나면 깊이가 드러난다. 포천이란 이름은 이 때문이다.

이원조는 4곡을 신선이 사는 곳으로 표현하고 있다.

오곡이라 밝게 빛나 돌 기운 깊으니	五曲鱗鱗石氣深
그 누가 푸른 베를 빈숲에서 말리는가	誰將綠布曬空林
세상의 베 짜는 여인이 베틀을 비우니	人間織女空杼軸
밝은 달빛 아래 밤마다 실을 짜네	明月機絲夜夜心

제5곡을 당폭(堂瀑)이라 한다. 시내 곁에 큰 돌이 있는데 평평하게 펼쳐 있는 것이 당(堂)과 같다. 넓이가 수십 보가 되어 마을 사람들이 빨래를 하고 타작을 한다. 산이 솟은 곳에 바위가 몇 길 드리워 있는데, 물이 뿜어 나와 퍼져 가는 소리가 우레와 같다. 꽃나무가 덮고 있다.

이원조는 5곡을 이렇게 표현하고 있다. 하지만 지금 5곡은 이원조가 이야기한 우레 같은 소리를 들을 수 있는 형세는 아니다.

육곡이라 사량은 푸르고 맑은 물굽이	六曲沙梁碧玉灣
몇 집이 물에 임해 대나무로 문 삼았네	數家臨水竹爲關
안개와 구름이 문득 오는 길 막으니	烟雲却鎖來時路
잠든 사슴 깃든 새 절로 한가하네	眠麓棲禽自在閑

6곡 사연(沙淵)을 읊고 있다.

제6곡은 사연이라 한다. 산세가 조금 넓어지고 고개 위에 소나무가 많다. 비로소 인가 10여 호가 보인다. 산을 등지고 물을 임하니 곧 사량촌이다. 여러 시내가 합류하고 양쪽 벼랑에 있는 돌이 섬돌과 같아 낚시터로 삼아 물고기를 잡을 수 있다.

사량촌 앞에 있는 못이라는 의미로 사연이라 명명한 듯하다. 사량촌은 지금의 사부랭 마을을 말한다.

이원조가 벼슬을 그만두고 은거하며 만년을 보낸 만귀정(晩歸亭). 포천구곡의 9곡 근처에 있다.

◆9곡 홍개동에 만귀정 지어 은거

칠곡이라 험한 곳 오르내리는 여울	七曲崎嶇上下灘
높이 솟은 석탑 비로소 둘러보네	穹然石塔始廻看
이곳에 이르러 고절할 줄 누가 알겠는가	到頭孤絶人誰識
바람이 가야에서 불어 소매 가득 차갑네	風自伽倻滿袖寒

7곡은 석탑동이다. 이 굽이에 이르면 멀리 가야산이 눈에 들어오고, 널따란 지형이 나타난다. 시내 오른쪽에 마치 석탑 같이 생긴 바위를 만날 수 있다. 그래서 이 굽이를 석탑동이라 했다.

제7곡은 석탑동이라 한다. 이곳에 이르면 산 사이가 더욱 넓어지고 물은 더욱 빨라진다. 주점 몇 채가 바위에 기대어 있는데, 집이 맑은 여울물을 굽어본다. 멀리 푸른 남기(嵐氣)를 잡을 수 있을 듯하니 즐길 만하다.

속세의 기운이 아니라 고절한 기상이 가득한 곳으로 표현하고 있다.

팔곡이라 신촌은 시야가 갑자기 열리고	八曲新村眼忽開
반선대 아래로 시냇물 돌아 흘러가네	盤旋臺下水縈廻
주민들 어떻게 연하의 맛을 알겠는가	居民那識煙霞趣
소나무 그늘에서 술에 취해 잠드네	猶向松陰醉睡來

8곡 반선대를 읊고 있다.

제8곡을 반선대라 한다. 신평촌(新坪村) 곁에 언덕이 있는데 높이 솟아 시내에 임하고 위에는 교목이 많다. 해마다 마을 사람들이 이곳에 모여 연회를 한다. 물이 달고 땅이 기름지니 은자들이 함께 노닐기에 더욱 마땅하다. 그래서 내가 이렇게 이름 지었다.

신평촌은 지금의 신계리다.

구곡이라 홍개동이 널따랗게 있으나	九曲洪開洞廓然
오랜 세월 이 산천을 아껴서 숨겼네	百年慳秘此山川
새 정자 자리 정해 이 몸 편히 하니	新亭占得安身界
인간세상의 별유천지 아니겠는가	不是人間別有天

포천구곡 중 9곡 홍개동. 포천구곡 중 가장 아름다운 굽이다. 9곡 근처에 만귀정과 만산일폭루가 있다.

9곡 옆에 있는 만산일폭루.

9곡 홍개동에서 정자를 지어 머무니 자신이 꿈꾸던 이상향이 실현됨을 노래하고 있다. 9곡은 이원조가 만년에 은거했던 곳이다. 이곳에 이원조가 마련한 만귀정이 있다.

제9곡을 홍개동이라 하니 내가 자리 잡아 사는 곳이다. 두 폭포가 물길을 나누어 흐르고, 여러 돌이 바둑판같이 자리한다. 사방의 산들이 둘러 있고 수풀의 나무가 일산처럼 그늘을 드리운다. 나의 정자가 서쪽 벼랑에서 남향하고 있다. 수석의 경치와 은거의 즐거움은 별도로 기록했다. 이곳을 지나가고 나면 가야산의 가장 높은 봉우리이다.

이곳은 이원조가 기록할 당시와도 별다른 차이가 없는 모습이다. 9곡은 포천구곡 중에서 가장 아름다운 곳이다. 지금 모습을 봐도 두 줄기 폭포가 흘러내리고 바둑판 같은 돌들이 있으며, 그 주변에는 나무 숲이 일산처럼 그늘을 드리우고 있다. 이원조는 오랜 기간에 걸쳐 장소를 물색하고 이곳에 정자를 지어 드디어 만년을 보낼 은거처를 마련한 것이다.

그는 욕심이 난무하는 세상과는 거리가 먼 이곳은 도가 펼쳐지는 별천지임을 노래하며 자신도 그런 경지에 이르고자 했다.

괴산 선유구곡

　충북 괴산군 청천면에 문경의 선유구곡과 같은 이름의 또 다른 선유구곡이 있다. 문경 가은의 선유구곡이 동선유구곡이라면, 이 구곡은 서선유구곡이라 할 수 있다. 괴산의 이 선유구곡은 화양구곡, 쌍곡구곡과 함께 괴산의 3대 구곡으로도 꼽히는 대표적 구곡이다.

　화양구곡이 있는 화양계곡의 상류에 펼쳐진 이 선유구곡은 청천면 삼송리(三松里)와 송면리(松面里)에 있는 선유동계곡에 설정된 구곡이다. 이 계곡은 특히 거대한 기암들이 많은 멋진 계곡이다.

　화양계곡의 상류 지역인 화양천(삼송천)을 따라 흐르는 선유동계곡은 퇴계 이황이 칠송정(현재의 송면리 송정부락)에 사는 함평 이씨 이녕(李寧)을 찾아왔다가 부근의 경치에 도취되어 9개월간이나 머물면서, 신선이 내려와 노닐던 곳이라는 의미의 '선유동'이라 불렀다 한다. 또 굽이마다 이름을 지어 9곡을 설정했다고 전한다.

　계곡 1.6km 정도에 걸쳐 있는 이 선유구곡은 1곡

과산 선유구곡 중 1곡인 선유동문 주변 풍경. 기암들과 넓은 못이 어우러져 멋진 풍광을 자랑한다.

선유동문, 2곡 경천벽, 3곡 학소암, 4곡 연단로, 5곡 와룡폭, 6곡 난가대, 7곡 기국암, 8곡 귀암, 9곡 은선암이다. 선유구곡이 시작되는 1곡 선유동문 앞 길 가에 이 선유구곡 안내표지가 있다.

이 선유구곡도 굽이마다 그 명칭이 바위에 새겨져 있다. 서체는 해서와 행서, 초서 등 다양하다.

◆1곡은 선유동문(仙遊洞門)

선유구곡 초입에 주차장이 있고, 주차장을 지나 차도를 따라 조금 올라가면 구곡이 시작된다. 1곡은 선유동문(仙遊洞門)이다. 평지 하천

1곡 바위에 새겨진 '선유동문(仙遊洞門)' 글씨.

이 끝나고 산속 계곡이 본격적으로 시작되는 입구에 있다. 높고 거대한 바위들과 넓은 소가 있어 경치가 좋다. 여름에는 물놀이를 하기 좋은 곳이다.

거대한 바위들은 사람이 일부러 쌓아놓은 듯하다. 허리 부분이 잘록하여 무너질 듯 위태로워 보이기도 한다. 맨 위에 아슬아슬하게 놓여 있는 넓적한 바위 앞면에 '선유동문(仙遊洞門)'이라는 글씨가 행서로 커다랗게 새겨져 있다. 신선들이 살던 선유동으로 들어가는 문임을 알리고 있는 셈이다.

'선유동문(仙遊洞門)' 글씨 옆에 '이보상서(李普祥書)'라고 한자로 새겨져 있다. 그리고 9곡 '은선암(隱仙巖)' 각자(刻字) 옆에 '김시찬 이보상 정술조 동주이상간 임신구월일(金時粲 李普祥 鄭述祚 洞主李尙侃 壬申九月日)'이라고 새겨져 있는데, 1752년에 새긴 것임을 알 수 있다. 이를 근거로 괴산 선유구곡을 연구한 학자(이상주)는 선유구곡 각각의 명칭을 이보상이 쓴 것으로 보고 있다. 그리고 그는 위 네 사람을 선유 구곡 설정자로 결론짓고, 그 주도자는 선유동 소유주인 이상간으로 판단했다.

김시찬(1700~1767)은 1751년 12월 충청도관찰사로 임명되었고, 이보상(1698~1775)은 괴산군수를 지냈다.

2곡은 경천벽(擎天壁)이다. 선유동문 맞은편 바로 위쪽에 있는 층암 절벽 바위이다. 층층암석이 마치 하늘을 떠받치고 있는 듯하다는 의미에서 경천벽이라 했으나, 그 규모가 그리 거대하지는 않다. 홍치유(洪致裕·1879~1946)는 이 경천벽을 두고 "푸른 절벽이 허공을 받치고 높은 기상 자랑하니, 높고 높아 미친 듯한 거센 물결도 막을 수 있을 것 같네."라고 읊었다고 한다.

3곡 학소암(鶴巢巖)은 조금 더 물길을 거슬러 올라가면 나온다. 계곡 오른쪽의 숲속에 우뚝 솟아 있는 기암이다. 숲이 우거진 계절에는 길에서는 잘 보이지 않는다. 이 바위에 학이 둥지를 틀고 깃들어 살았다고 해서 학소암이라 했다 한다.

4곡은 신선이 단약을 만들었다는 바위인 연단로(煉丹爐)이다. 길을 따라 다시 좀 더 올라가면 계곡을 건너는 다리가 나온다. 다리 위쪽으로 시내 한가운데에 큰 바위 두 개가 서있다. 그중 위가 평평한 바위가 연단로. 연단로 바위 위에는 두 군데가 절구통처럼 파여 있다. 신선들이 이 바위에서 금단(金丹)을 만들어 먹고 장수하였다는 전설이 전하고 있다. 한쪽에는 '연단로(煉丹爐)'가 행서로 새겨져 있고, 그 옆에 신선

4곡 연단로.

을 그린 것으로 보이는 인면도가 새겨져 있다.

길을 따라 조금 더 올라가면 5곡 와룡폭(臥龍瀑)
이 나온다. 은선휴게소 앞이다. 큰 폭포는 아니나 용
이 누워 꿈틀대는 모양의 암반 위로 물이 흘러내리
는 곳이고, 아래는 큰 소가 형성돼 있다. 경관이 수
려하다.

◆ **거대한 바위들이 몰려 있는 7곡~9곡**

6곡 난가대(爛柯臺)는 암반 위로 맑은 물이 흐르
는 계곡 바로 옆에 있는 널따란 바위가 대를 이루고
있는 곳이다. 옛날 나무꾼이 나무를 하러 가다가, 바
위 위에서 신선들이 바둑 두며 노니는 것을 구경하
다가 도끼자루가 썩어 없어졌다는 전설이 전하는 곳
이다.

6곡 바로 위에 7곡 기국암(碁局巖), 8곡 귀암(龜
巖), 9곡 은선암(隱仙巖)이 몰려 있다. 거대한 바위
들이 무리를 이루고 있는 곳이다.

7곡 기국암은 위가 마치 일부러 깎아낸 듯이 평평
한 바둑판 모양의 바위다. 신선들이 바둑을 두고 있
어 나무꾼이 구경하다 집으로 돌아와 보니 5대손이
살고 있더라는 전설이 전한다.

기국암 바로 옆의 8곡 귀암은 바위 모양이 큰 거
북이가 머리를 들어 숨을 쉬는 듯하다. 표면이 여러

괴산 선유구곡 중 7곡~9곡이 몰려 있는 계곡 풍경. 오른쪽이 7곡 기국암(바둑 바위)이고 왼쪽이
8곡 귀암(거북바위)이며, 뒤쪽에 보이는 큰 바위가 9곡 은선암이다. 바위마다 굽이 명칭이 새겨져
있다.

조각으로 갈라져 있어 거북이 등과 같고, 등과 배가 꿈틀거리는 듯하다. '귀암(龜巖)'이라는 글씨가 초서로 새겨져 있다.

9곡 은선암은 두 개의 거대한 바위가 나란히 서 있는 곳이다. 바위 사이가 여러 사람이 들어갈 수 있을 정도로 넓다. 은선암에는 통소를 불며 달을 희롱하던 신선이 머물렀다 한다. 충분히 그랬을 법하다는 생각이 드는 분위기다. 한쪽 바위에 '은선암(隱仙巖)'이라는 초서 글씨와 함께 여러 사람의 이름 등이 새겨져 있다.

◆정태진의 시 「외선유구경(外仙遊九景)」

문경 가은의 선유구곡에 대한 시를 남긴 정태진(丁泰鎭·1876 ~1956)은 괴산의 선유구곡 풍경을 읊은 시 「외선유구경(外仙遊九景)」도 남겼다. 그런데 이 시에 나오는 선유구경의 명칭은 좀 다르다. 「외선유구경」의 명칭은 석문(石門), 경천벽(擎天壁), 학소대(鶴巢臺), 연단로(煉丹爐), 와룡폭(臥龍瀑), 귀암(龜巖), 기국암(碁局巖), 난가대(爛柯臺), 은선대(隱仙臺)의 순으로 되어 있다.

괴산 선유구곡의 명칭은 1곡 선유동문, 2곡 경천벽, 3곡 학소암, 4곡 연단로, 5곡 와룡폭, 6곡 난가대, 7곡 기국암, 8곡 귀암, 9곡 은선암이다. 명칭이 약간 다르기도 하고, 순서도 일치하지 않는다.

정태진이 괴산의 선유구곡 풍경을 읊은 시를 보면 곳곳에 서린 전설과 풍광, 그곳이 주는 가르침 등을 잘 나타내고 있다. 대부분 신선세계와 관련된 이야기들이 담겨 있다. 2005년에 출간된 『문경의 구곡원림과 구곡시가』(김문기 지음)의 관련 내용을 토대로 정태진의 「외선유구곡시」를 소개한다. 서시 '외선유동(外仙遊洞)'에 이어 구경(九景)을 읊고 있다.

정태진은 이 시 주석에서 "선유동의 여러 절승지는 모두 퇴계 선생
이 이름을 지었다.(仙遊洞諸勝處皆退溪先生命名也)"라고 적고 있다.

옛 사람 이미 가고 나 지금 와서　　　　　　昔人己去我來今

안개 덮인 선유동 차례로 찾아본다　　　　　洞裏煙霞取次尋

선생의 당일 자취 사모해 우러르니　　　　　景仰先生當日蹟

이 몸의 말년 마음 슬프게만 하네　　　　　　偏傷小子暮年心

이곳 산수를 품으니 진흔의 밖이고　　　　　懷玆山水塵寰外

깊은 곳엔 신선이 사는 듯하네　　　　　　　疑有神仙窟宅深

한 길로 점차 나아가면 진경의 경계이니　　　一路漸窮眞境界

높은 대에 기대어 한 번 길게 노래하리　　　高臺徒倚一長吟

〈서시〉

동천은 쓸쓸해 돌이 문이 되고　　　　　　　洞天寥廓石爲門

늘 구름 안개 끼어 밝은 해를 가리네　　　　常有雲霞白日昏

우리는 여기서부터 신선처럼 노니나니　　　吾輩仙遊從此始

세상 어느 곳에 진훤이 있겠는가　　　　　　世間何處有塵喧

〈석문〉

아름다운 이름 옛날 언제 시작되었나　　　　嘉名肇錫昔何年

한 벽이 높이 솟아 하늘에 닿네　　　　　　　一壁岩嶢擎九天

곧게 솟아 진실로 기상을 이루니　　　　　　矗立眞能成氣像

몇 번이나 강산이 변했지만 홀로 푸르네　　　幾經桑海獨蒼然

〈경천벽〉

붉은 산꼭대기 흰 학 옛날부터 둥지 틀고　　　丹頂皓衣昔此巢
바위 틈 소나무 가지 끝만 보이네　　　　　　巖蟒惟見古松梢
이를 잡고 곧바로 신선길 좇고자 하지만　　　秉渠直欲追仙路
벽이 끊어지고 구름 가리어 만날 수 없네　　　壁斷雲悠不可交
〈학소대〉

단약 만드는 비결 지금 어찌 없는가　　　　　成丹要訣奈今無
바위 위에 노닌 신선 화로 남겼구나　　　　　巖上遊仙遺煉爐
세상 사람 흰 머리 많다 하며 탄식하나　　　　堪歎世人多白髮
헛된 도구 의지하며 부질없이 전하네　　　　　只憑虛器浪傳呼
〈연단로〉

긴 폭포는 흰 용이 누워 있는 모습이고　　　　瀑布長看臥白龍
큰 소리 내고 흰 눈 뿜으며 날마다 떨어지네　轟雷噴雪日撞舂
온전히 옮겨 놓은 장관이 이렇게 지극하고　　全輪壯觀茲焉極
시원한 기운 따르니 마음도 차갑네　　　　　　心目冷然爽氣從
〈와룡폭〉

거북을 구워 치는 점 해석할 이 없어　　　　　無人解古灼神龜
이를 방치하니 황량하여 기괴하게 되었네　　　放置荒閑等怪奇
마땅히 폭포 용과 더불어 길이 칩거하며　　　應與瀑龍長蟄伏
신령한 기운 쌓아 밝은 때 기다리네　　　　　蓄他靈異待明時
〈귀암〉

바위 위 늙은 신선 바둑 두기 사랑하여　　　　巖上老仙愛看碁
나무 하는 초동과 어울려 바둑을 두네　　　　欄柯樵者也相隨
한가한 마음 좋은 곳에서 기심 사라지니　　　閑情適處機心息

| 바둑 두지만 승부엔 관심 없다네 | 局外輸贏摠不知 |
| 〈기국암〉 | |

바위 위 신선 바둑 마치니 물소리 요란하고	巖仙碁罷水聲多
누대 위 그 누가 옛날에 도끼 자루 불살랐나	臺上何人昔爛柯
진경은 깊은 곳에 있다는 것 알게 되고	眞境方知深處在
시내 너머에서 자지가 들리는 듯하네	隔溪如聞紫芝歌
〈난가대〉	

선인은 이미 가고 바위는 아직 남아 있어	仙人己去尙餘巖
한 번 바위 문 들어서니 세속에 멀어지네	一入巖門謝俗凡
세상 욕심에 사로잡혀 어찌 가벼이 말하는가	紛挐世機那管說
예부터 말할 때는 신중히 하라고 하였네	古來金口戒三緘
〈은선대〉	

서시에서 '선생'은 퇴계 이황을 말하는 것으로 보인다. 그리고 8곡 난가대를 읊은 시에 나오는 〈자지가(紫芝歌)〉는 중국의 상산사호(商山四皓) 고사에서 유래된 노래다. 진(秦)나라가 혼란에 빠지자 동원공(東園公), 기리계(綺里季), 하황공(夏黃公), 녹리(甪里) 네 노인은 상산(商山)으로 들어갔다. 수염과 눈썹이 모두 희었기에 상산사호(商山四皓)라고 불렸다. 네 노인은 상산에서 영지버섯 등을 따먹으며 지냈다. 유방이 역발산기개세(力拔山氣蓋世)의 항우를 꺾고 천하를 통일했을 무렵에는 이미 천하에 현자로 이름이 나 있었다. 그래서 한(漢) 고조 유방이 사호를 불렀으나, 네 노인은 〈자지가(紫芝歌)〉를 부르며 거절했다. 자줏빛 버섯인 자지(紫芝)는 선가(仙家)에서 불로장생의 영약으로 치던 영지버섯을 뜻한다.

대구 운림구곡

　대구에도 운림구곡, 농연구곡, 와룡산구곡, 수남구곡 등이 있다. 운림구곡(雲林九曲)은 금호강이 낙동강과 합류하는 지점인 사문진교 부근부터 금호강 물길을 따라 거슬러 오르며 사수동의 사양서당(泗陽書堂)까지 16㎞에 걸쳐 설정된 구곡이다. 금호강 하류에 설정된 이 운림구곡의 주인공은 조선 말기 학자이자 문신인 경도재(景陶齋) 우성규(1830~1905)이다.

　'바람이 불면 강변의 갈대밭에서 금(琴) 소리가 나고 호수처럼 물이 맑고 잔잔하다'라고 한 데서 금호(琴湖)라는 이름이 유래했다고 한다. 특히 금호강의 뱃놀이는 서거정이 '금호범주(琴湖泛舟)'라 이름을 붙였고, 대구십경 중에서도 첫 번째로 꼽을 정도로 아름다운 경치를 자랑했다. 하지만 산업화와 도시화로 주변이 많이 훼손되면서 지금은 옛 모습을 찾기가 어려운 현실이다.

　우성규가 이 지역을 구곡으로 설정한 것은 자신이 존경하던 선비인 한강(寒岡) 정구(1543~1620)의 강학처인 사양정사가 이곳에 있었기 때문이다. 정구는 1617년 칠곡의 사수(泗水)에 사양정사를 짓고 학문을 닦으며 제자를 길렀다. 당시 괴헌(槐軒) 곽재겸(1547~1615), 낙재(樂齋) 서사원(1550~1615), 모당(慕堂) 손처눌(1553~1634), 양직당(養直堂) 도성유(1571~1649), 대암(臺巖) 최동집(1586~1661) 등 대구의 많은 선비들이 그의 문하에 몰려들었다.

우성규는 호를 경도재라 지을 정도로 도산의 퇴계 이황을 흠모했다. 월촌(월배)이 고향인 그는 문경 주흘산에 들어가 향산(響山) 이만도(1842~1910) 등과 함께 학문을 연마하고, 서울로 올라가 명사들과 교유하며 학문을 닦았다. 1875년 음서(蔭敍)로 벼슬길로 들어서 선공가감역, 상의원주부, 사직령 등을 역임했다. 그 후 현풍현감, 영덕현령, 예안현감 등을 지냈다. 우성규는 1892년 돈령부도정에 임명되었으나 「속귀거래사」를 지어 벼슬에서 물러날 뜻을 밝히고 귀향했다. 향촌에 머물며 면암(勉庵) 최익현(1833~1906), 이만도 등과 교유하며 지내면서 제자들을 가르쳤다.

◆ **우성규가 금호강에 설정한 구곡**

우성규가 언제 운림구곡을 설정했는지를 알 수 있는 정확한 기록은 확인되지 않고 있다. 1899년에는 우성규, 서찬규 등 80여 명이 낙동강변 상화대(賞花臺)에 모여 배를 띄우고 주자 「무이도가」의 운자를 써서 각각 시를 짓는 시회를 열었다. 이 시회에서 지은 시를 모은 『낙강상화대선유창수록(洛江賞花臺船遊唱酬錄)』이 남아있다. 우성규는 당시의 감회를 이렇게 표현했다.

낙동강과 금호강 두 물이 모이는 곳은 대구와 성주 두 읍의 경계이다. 사수 양양하니 한강 선생이 남긴 향기를 경모하고, 이강(伊江)이 곤곤(滾滾)하니 낙재 선생이 남긴 유풍을 상상한다. 관어(觀魚) 옛 대(臺)에는 여전히 가을달이 찬물에 비치고, 선사(仙査) 옛 나루터에는 의연히 고깃배가 긴 연기를 싣고 있다. 이제 여가의 좋은 놀이에 다행히 군현(群賢)이 다 모였도다. (중략) 연못 속 물고기 펄쩍 뛰어오르니 이(理)가 밝게 드러남을 살필 수 있고, 노을 속 따오기 나란히 날아가니 기(氣)가 먼저 움직임을 인식할 수 있다. 갓을 쓴 사람 대여섯 명이 기단(沂壇)에 돌아가서 뱃노래 두세 곡조로 무이구곡에 화답하기 바라네.'

사림의 선유(船遊) 문화를 엿볼 수 있는 내용이다. 이런 과정에서 우성규는 운림구곡을 설정하고 주자의 「무이도가」를 차운한 「용무이도가운부운림구곡(用武夷櫂歌韻賦雲林九曲)」을 지은 것으로 연구자들은 추정하고 있다.

운림구곡 아홉 굽이는 1곡 용산(龍山), 2곡 어대(魚臺), 3곡 송정(松亭), 4곡 오곡(梧谷), 5곡 강정(江亭), 6곡 연재(淵齋), 7곡 선사(仙槎), 8곡 봉암(鳳巖), 9곡 사양서당(泗陽書堂)이다.

우성규의 「운림구곡시」는 서시에 해당하는 총론(總論)과 구곡을 각각 읊은 아홉 수 등 총 10수로 이루어져 있다.

하늘이 운림을 보호해 참으로 신령하니	天護雲林儘異靈
산은 굽이굽이 밝고 물은 맑아라	山明曲曲水澄清
조각배 타고 창주 길 찾으려고	扁舟欲覓滄洲路
주자의 뱃노래 화답하며 구곡시 지어보네	賡和櫂歌九曲聲

운림은 칠곡 웃갓[상지(上枝)]마을의 옛 이름이다. 조선 후기까지 칠

곡군 상지면이었는데, 1905년 경부선 철도가 건설되면서 역이 생기자 새로 형성된 마을이라 해서 신동(新洞)으로 불리었다. 웃갓은 한강 정구의 제자로 이조참판을 지낸 석담(石潭) 이윤우(1569~1634)가 태어난 곳이고, 마을에는 정구와 이윤우, 송암(松巖) 이원경(1525~1571)을 배향한 사양서당이 있다. 흥선대원군 서원철폐령의 피해를 입어 강당인 경회당(景晦堂)만 남아있다.

사양서당은 1651년 정구가 학업을 닦았던 칠곡 사수동의 사양정사 터에 향인들이 그를 기려 건립했다. 그 후 1694년 지금의 웃갓마을로 이건하면서 정구를 중심으로 이윤우를 배향하고 이원경의 위패도 함께 모셨다.

우성규가 운림을 신령스럽게 생각한 것은 이곳에 사양서당이 있기 때문이다. 정구와 이윤우의 학덕을 하늘이 보호하기 때문에 그 주변 산은 밝고 물은 맑다고 노래하고 있다. 창주는 주자가 만년에 거처했던 창주정사를 말한다.

◆1곡은 금호강 낙동강 합쳐지는 용산

1곡 용산은 금호강이 낙동강과 합쳐지는 곳으로, 현재 사문진교가 놓여있다. 주변에 화원동산과 사문진역사공원이 조성돼 있다. 옛날에는 사문진(沙門津) 나루가 있었다. 사문진은 대구에 처음으로 피아노가 들어왔던 곳이기도 하다. 1900년 3월 26일 미국 선교사 사이드 보탐(1874~1908) 부부가 낙동강 배편으로 피아노를 실어와 이곳에 들여왔고, 인부 20여 명이 소달구지에 싣고 대구 약전골목에 있던 보탐 부부의 숙소로 옮겼다고 한다.

일곡이라 용암에 조각배 매었다가	一曲龍巖繫葉舟
사공의 손 빌려 긴 강을 거스르네	梢工副手遡長川
나루를 물은 지난 일 찾을 곳 없고	問津往事憑無處
오직 아침노을 저녁안개만 보이네	惟見朝霞與暮烟

용암이 정확하게 어느 바위인지는 알기 어렵다. 우성규는 사문진 나루에서 배를 타고 유학의 도가 지향하는 바의 근원을 찾아 금호강을 거슬러 오른다. 그는 옛날 공자가 초나라를 향해 가다 길을 잃고 자로에게 나루를 묻게 한 고사를 떠올렸다. 자로가 마침 장주와 걸익이라는 은자를 만나 나루를 물었더니 그들은 세상을 피해 살라고 권했다. 공자는 이에 동의하지 않고 세상을 함께 살면서 세상이 잘 다스려지도록 노력해야 한다며 적극적인 자세를 보인다.

공자의 문진(問津)은 현실적 해결 방도를 찾는 과정이었다. 나루는 문제를 해결하는 단서이자 방법이라 할 수 있다. 우성규도 자신의 문제 해결을 위해, 도학의 완성을 향해 나아가는 길을 모색하고자 했다.

2곡 어대는 금호강과 진천천(辰泉川)이 합류하는 곳이다. 사문진에서 금호강으로 850m 정도 올라가면 두 물길이 합쳐지는 곳에 깎아지른 듯한 벼랑이 있다. 여기가 어대이다. 진천천은 대구 산성산 서쪽에서 발원해 화원 부근에서 금호강과 합류한다.

이곡이라 배 저어 푸른 봉우리 돌아가니	二曲移船繞碧峰
어대의 꽃과 나무 봄빛을 드러내네	魚臺花木燁春容
흐르는 강물 잠잠해지고 옅은 구름 걷히니	江流浪息微雲捲
돛대 너머 산빛 푸르디 푸르네	帆外山光翠萬重

2곡 어대에서는 1곡에서 안개와 노을로 비유된, 학문에 대한 불안감이 사라짐을 이야기하고 있다.

3곡 송정은 어대에서 1.4㎞ 정도 거슬러 올라간 곳으로 추정된다. 옛날에는 강변에 소나무를 비롯한 나무들이 있었지만, 1970년대 이후 강폭을 좁힌 제방을 쌓고 성서공단이 들어서면서 물길은 옛 모습을 잃었다.

삼곡이라 솔바람 배에 가득 불어오니	三曲松風滿載船
푸른 수염 붉은 껍질 몇 해나 묵었는가	蒼髥赤甲幾經年
초연히 가시와 덤불 속에 우뚝 서서	超然特立荊榛裏
추위에도 곧은 모습 정말로 어여쁘네	寒後貞姿正自憐

송정에서는 소나무의 늠름한 기상을 노래하고 있다.

송정에서 1.6㎞ 거슬러 오르면 4곡 오곡(梧谷)이다. 강물이 완만하게 굽이를 이루는 곳인데 주변에 강정들과 공단이 자리하고 있다. 이름을 오곡(梧谷)이라 한 것을 보면 오동나무가 있었을 것으로 보이나 지금은 흔적을 찾을 수가 없다. 우성규는 여기서 오동나무를 보고 오동나무로 만드는 거문고를 떠올렸다.

사곡이라 외로운 오동 바위 곁에서	四曲孤桐榜石巖
흔들리는 가지의 이슬 맺힌 잎 푸른 빛 드리우네	風枝露葉碧嵐鈍
거문고 옛 곡조를 누가 알겠는가	瑤琴古操誰能解
출렁출렁 물 흐르고 달빛은 못에 가득하네	流水洋洋月滿潭

운림구곡 중 6곡 연재 주변 풍경. 연재는 이락서당을 말한다.

5곡 강정은 부강정(浮江亭)을 말한다. 부강정은 다사면 죽곡리 강정 마을에 있었다. 신라 때 처음 건립된 정자이다. 정구와 서사원, 손처눌 등 많은 선비들이 노닐었다.

오곡이라 배를 저어 깊은 마을 찾아드니	五曲行舟入洞心
돌기둥 높다랗게 성근 숲에 솟아있네	巍然石楫出疎林
이 사이에 진실로 뛰어난 선비 있었으니	此間儻有瑰奇士
평생토록 벼슬살이 마음 쓰지 않았네	爵祿平生不入心

6곡에 있는 이락서당. 이락서당은 낙재 서사원과 한강 정구의 학덕을 기려 건립됐다.

　　5곡에서 백이숙제의 선비정신을 떠올린다. 이곳에서 노닐며 도학을
연마하던 뛰어난 선비들처럼 자신도 벼슬에 대한 마음을 버리고 도학
을 완성하려는 마음을 드러내고 있다.

◆6곡 연재는 강창교 부근 이락서당

　　6곡 연재는 강정에서 1.4㎞ 정도 거슬러 오른 곳에 있는 강창교 부
근이다. 연재(淵齋), 즉 못가에 있는 재실은 이락서당(伊洛書堂)을 말
한다. 당시의 이락서당은 지금보다 낮은 곳에 있었으나, 강창교가 생
기면서 강창교보다 약간 높은 위치로 옮겨 개축했다.

이락서당은 정구와 서사원의 강학처에 후학들이 세운 것이다. 서사원은 정구의 제자이다. 정구와 서사원의 학문은 대구의 선비들에게 큰 영향을 끼쳤다. 두 사람에게 배웠던 11개 마을 아홉 문중의 선비들이 뜻을 모아 학계(學契)를 조직하고, 두 스승의 학문을 이어받을 수 있도록 1798년 강창(江倉)의 파산(巴山) 자락에 이락서당을 건립했다. 성주 도씨 15명, 밀양 박씨 1명, 광주 이씨 1명, 함안 조씨 2명, 전의 이씨 3명, 일직 손씨 1명, 순천 박씨 2명, 달성 서씨 2명, 광주 이씨 3명 등 모두 30명이다. 9문 11향 30군자라 칭했다.

육곡이라 푸른 물굽이에 낚시터 있으니	六曲釣磯在碧灣
인간 세상 영욕과는 무관한 곳이네	世間榮辱不相關
못가에 다가가서 집 이름 생각하니	臨淵想像扁齋意
푸른 물 유유하고 밝은 해 한가롭네	綠水悠悠白日閒

이락서당 편액을 보며 우성규는 두 선생을 떠올렸다. 이락(伊洛)은 이천(伊川)과 낙강(洛江)에서 한 글자씩 가져온 것이다. 서사원의 거처는 이천에 있었다. 정구는 성주, 칠곡, 대구 등 낙동강 연안을 중심으로 활동했다. 그러니 이락은 정구와 서사원을 의미한다. 또한 이락서당의 협실 편액도 모한당(慕寒堂)과 경락재(景樂齋)라 하여 두 사람을 경모한다는 뜻을 담고 있다. 강물처럼 유유히 흘러온 두 선생의 도학을 자신도 이어받고 있음을 노래하고 있는 것으로 보인다.

7곡은 선사이다. 6곡에서 4㎞ 정도 거슬러 오른 지점이다. 선사는 신라 때 창건된 고찰인 선사암이 있던 곳이다. 『신증동국여지승람』에 "선사암은 마천산에 있는데, 암자 곁에 최치원이 벼루를 씻던 못이 있다.”고 기술하고 있다. 1832년경에 편찬한 것으로 추정되는 『대구부읍지』에는 “선사암은 부 서쪽 20리에 있었는데 예전에 있었으나 지금은 없다.”고 기록하고 있다.

선사는 다사 출신의 학자들이 후학을 가르치던 곳이다. 처음 이곳에 강학처를 연 사람은 다사 문양 출신의 임하(林下) 정사철(1530~1593)이다. 한강 정구와 동강 김우옹(1540~1603) 등과 교유했으며, 성리학 연구에 힘썼다. 임진왜란 때는 의병을 모집해 관군을 도왔으며, 1587년에 선사서사(仙槎書社)를 지어 강학하고 주변 선비들과 교유했다. 선사서사가 임진왜란 때 불타버리자 서사원이 뒤를 이어 그 터에 선사재(仙査齋)를 지어 제자를 가르쳤다.

또한 선사는 선유(船遊)의 자취가 가장 잘 나타나 있는 곳이기도 하다. 〈금호선사선유도〉가 이를 잘 보여준다. 서사원은 1601년 2월 자신의 거처인 금호강 이천에 완락재를 지어 낙성했다. 3월에 낙성을 축하하러 장현광을 비롯한 선비 22명이 찾아왔다. 이들은 의기투합, 서사원을 금호선사선유의 주인으로 삼아 부강정까지 10리를 내려가 시회를 열었다. 이날 뱃놀이 참가자는 서사원, 여대로, 장현광, 이천배, 곽대덕, 이규문, 송후창, 장내범, 정사진, 이종문, 정용, 서사진, 도성유, 정약, 정추, 도여유, 서항, 정선, 서사선, 이흥우, 박증효, 이극명, 정연이다. 감호(鑑湖) 여대로는 〈금호선사선유도〉 서문에 그날의 선유 상황을 생생하게 묘사했다.

칠곡이라 굽이도니 또 하나의 여울인데　　　　　七曲沿回又一灘
구름 속에 춤추는 학 정히 볼 수 있겠네　　　　雲中鶴舞正堪看
그 가운데 혹여 신선이 있는가　　　　　　　　箇中倘有仙人否
바위 사이 차가운 집 웃으며 가리키네　　　　　笑指巖間白屋寒

한강 정구와 석담 이윤우 등을 기리고 있는 사양서당(경북 칠곡군 지천면). (운림구곡은 우성규가 한강 정구의 강학처인 사양정사를 중심으로 설정한 구곡이다.)

이 굽이에서는 신선의 경지에 노닐던 최치원을 떠올리고 있다.

8곡은 강가에 있는 바위산 봉암이다. 선사에서 6㎞ 정도 상류에 있다. 와룡대교를 마주하고 있는 바위산이다. 다리와 도로를 만드는 과정에서 많이 잘려나간 상태다.

팔곡이라 바위 높고 묘한 경계 열리니	八曲巖高妙境開
봉우리들 늘어선 데 물결 휘어 도네	群峰羅列衆坡洄
산에 가득한 아름다운 기운 새들이 먼저 아니	滿山佳氣禽先得
아침 햇살에 날갯짓하며 봉황이 내려 앉네	翼翼朝陽鳳下來

마지막 9곡 사양서당은 8곡 봉암 건너편 칠곡군 지천면 신동서원길
에 있다.

사양서당은 원래 정구가 만년에 지어 학문에 몰두하며 제자를 가르
치던 사양정사(泗陽精舍) 터(대구 북구 사수동)에 건립됐다. 정구 별세
후 사양정사는 없어지고 1651년 제자와 마을사람들이 그곳에 사양서당
을 건립해 정구를 배향했다. 1694년 칠곡군 지천면 웃갓마을로 이건되
고 빈터만 남아있었으나, 대구 금호택지개발지구 내 한강근린공원이
조성되면서 사양정사가 복원되었다.

구곡이라 서림 깊고 맑으니	九曲書林藹藹然
봄이 오자 꽃과 버들 앞내에 가득하고	春來花柳滿前川
강옹과 담로 향기 남은 이 땅에는	岡翁潭老遺芬地
밝고 밝은 이치 고요 속에 빛나네	一理昭昭靜裏天

강옹과 담로는 한강 정구와 석담 이윤우를 말한다.

〈참고자료〉

· 『경북의 구곡문화』I · II 권(경북도 · 경북대 퇴계연구소)

· 『대구의 구곡문화』(대구시 · 경북대 퇴계연구소)

· 『문경의 구곡원림과 구곡시가』(김문기 지음)

· 『한중 팔경구곡과 산수문화』(상명대학교 한중문화정보연구소) 등